R 20726

Paris
1793

Delisle de Sales, Jean-Baptiste Claude Izouard (ou Isoard de Lisle) dit

Histoire philosophique du monde primitif

2

R. 2946.
C. II.

20726

HISTOIRE
DU
MONDE PRIMITIF

HISTOIRE
PHILOSOPHIQUE
DU
MONDE PRIMITIF

PAR L'AUTEUR

DE LA

PHILOSOPHIE DE LA NATURE.

QUATRIEME ÉDITION.

Entièrement refondue et augmentée de plusieurs Volumes.

TOME II

A PARIS

M. DCC. XCIII.

HISTOIRE
DU MONDE PRIMITIF.

HYPOTHÈSE
SUR LES PREMIÈRES GÉNÉRATIONS
DANS LE FIRMAMENT.

Arrivé par des routes inconnues, mais qui peut être ne sont pas à dédaigner, jusqu'au sanctuaire de la nature, je m'arrête avec un effroi religieux, à cette hauteur des mondes accumulés les uns sur les autres. C'est alors que, pressé plus que jamais entre les deux abymes de l'infinité et de l'éternité, je sens qu'en fixant des limites à la durée et à l'espace, mon objet ne doit être que de fournir quelques points d'appui à l'intelligence humaine, que l'idée d'une première cause écrase; au reste les théologiens de presque tous les cultes ont tant défiguré l'origine de l'univers, par l'intervention de leurs dieux-machines, qu'on doit me pardonner de chercher à l'expliquer avec la physique et la raison.

Lorsqu'après les travaux réunis de plusieurs générations, on a épuisé tous les calculs, analysé toutes les spéculations du génie, réuni en un seul foyer de lumière toutes les découvertes, on est obligé d'en venir à cette idée première : que la matière modifiée n'existe que par deux loix : l'une est la force tangentielle, qui seule a tout organisé, l'autre est la force centrale qui, combinée avec la force tangentielle, conserve l'univers.

Newton a calculé dans sa théorie sublime tous les effets de la cause qui conserve, mais il a gardé une sorte de silence religieux sur celle qui organise : il craignait qu'on ne l'accusât de prostituer à la nature le dieu de Moyse: encore dans sa vieillesse s'excusa-t-il, auprès de la crédulité, d'avoir jetté les fondements d'une nouvelle Cosmogonie, en commentant l'Apocalypse.

Personne n'a encore soulevé le voile, derrière lequel s'exerce cette force tangentielle: contente d'en constater l'existence, l'astronomie n'a pas songé à en calculer les effets; il n'y a en particulier aucune loi connue, d'après laquelle on puisse déterminer son intensité.

Si cette force dut se déployer avec quelqu'énergie, c'est à l'époque inaccessible à la chronologie de l'imagination même, où les mondes organisés n'existaient pas encore; et si elle a un foyer dans l'Espace, il faut le chercher au corps central, qui oppose sa réaction à toutes les actions de l'univers.

J'ai jetté quelques idées sur ce corps central, qui reculé pour nous derrière la dernière des Voyes Lactées, échappera long-

temps, sinon au génie des Herschell, du-
moins à leurs télescopes.

J'ai dit, que quand on donnerait à cette
grande métropole des mondes, les deux
milles cinq cents milliards de lieues de rayon,
que nous avons supposées au système de
Sirius, à peine, avec un pareil volume, serait-
elle en état de maintenir dans sa sphère
d'activité tous les corps célestes de l'univers.

Et quand je me suis permis une telle hypothèse, je ne calculais que d'après l'état
actuel du corps central : le moment n'était
pas venu de déchirer le rideau des temps,
et de pressentir dans l'abyme inaccessible
des ages primitifs, ce qu'était la capitale
des mondes, avant qu'il y eut des mondes.

Maintenant que les esprits sont préparés
à recevoir la théorie la plus audacieuse, il
faut franchir un pas qui coutait à ma prudence, et malgré les anathêmes que de tous
les points du globe me prépare la crédulité,
dire, avec cette assurance philosophique

qu'inspirent vingt ans de travaux, que tous les mondes, dans l'origine, existaient comme feu principe dans le sein presqu'infini de leur métropole.

Ce grand fait, résultat d'une longue série de principes, que la Logique la plus lumineuse n'oserait désavouer, me semble à l'épreuve de toute critique, qui ne marche pas d'un pas égal avec les Révélations; la froide raison peut s'en étonner, mais non le juger absurde: et il est plus aisé de n'y pas croire que de le refuter.

Or, lorsque tout existait dans le corps central, celui-ci, sans-doute, n'était pas borné à une simple sphère, de deux milles cinq cents milliards de lieues de rayon. Qu'on se rappelle le nombre incalculable de planètes des deux ordres, de comètes et de Soleils qui peuplent aujourd'hui les Systèmes: qu'on songe sur tout que tous ces corps célestes, maintenant en masse, étaient alors raréfiés par le feu-principe et devaient parconséquent avoir incomparablement plus de volume ; et ce ne sera point un paradoxe si étrange que d'avancer, que lorsque l'univers était en germe dans l'astre central, cet astre central occupait la plus grande partie de notre univers.

Enfin le moment vint, ou ce qui était homogène passa à l'hétérogeneité, et dèslors commença le règne de la nature.

L'astre central, ou plutôt l'astre unique, foyer inépuisable de feu et de lumière, ne pouvait tourner sur son axe, sans déployer sa force tangentielle sur les masses dégénérées qui se formaient dans son sein : de là, l'origine des Systèmes Solaires et des Comètes à Hyperbole.

S'il était permis à l'esprit humain de fixer des époques dans cette nuit de l'éternité, il semblerait d'abord qu'à cause de la force immense de projectile, qu'exigent des voyages aux limites de l'univers, l'astre central aurait dû commencer par lancer dans les déserts de l'Espace, les Comètes à Hyperbole.

Mais cette théorie, toute brillante qu'elle paraît, ne soutient pas le sang froid de l'examen : il suffit, à cet effet, de s'arrêter un moment sur les élémens de l'Hyperbole.

On sçait que l'Hyperbole n'est point une courbe fermée comme l'Ellipse : en partant de son origine, elle a deux branches, qui se prolongent à l'infini en s'écartant sans cesse ; il suit de cette considération, qu'à parler avec toute la précision mathématique, il n'y a point de comète qui décrive une parfaite Hyperbole : car il faut toujours que quelque corps céleste, gravitant sur elle de toute sa masse, lui fasse faire une inflexion qui change son orbite : sans cela l'astre lancé dans l'espace irait, en s'écartant toujours de plus en plus du corps central, dont il émane, se perdre aux frontières du dernier des mondes, ou plutôt toucher aux bornes du néant, ce qui en philosophie est une absurdité.

Lors donc que, forcé par une langue stérile, j'employe le terme de comète à Hyperbole, j'entens seulement un astre, qui, lancé par la plus grande force possible de projectile, dans la tangente de son orbite, où est un commencement d'Hyperbole, que la rencontre de quelque masse puissante change en Parabole, et qui, à l'approche de l'astre central, se courbe en Ellipse.

Or si, dans l'origine des êtres organisés, il n'y avait eu que des comètes à Hyperboles, comme elles étaient toutes parties de l'extrémité d'une sphère par des routes divergentes, il n'y aurait jamais eu de rencontre; les astres sans révolutions auraient été se perdre pour jamais dans les déserts infinis de l'espace, et l'univers à sa naissance se trouvait anéanti.

Il faut invoquer ici une loi d'une plus heureuse fécondité, à laquelle s'enchainent tous les phénomènes de la population du firmament.

Cette loi est, que la plus grande énergie du feu principe dut se déployer d'abord, en raison des masses plutôt qu'en raison des distances : c'est-à-dire, que le corps central, au berceau de la nature, dut plutôt projetter des Systèmes Solaires, destinés à circuler autour de lui, que de petites comètes à Hyperboles, faites en apparence, pour se perdre à jamais dans la nuit du néant.

Et quand je parle ici de Systèmes, je n'entens pas un assemblage de planètes et de comètes à Ellipses, circulant autour d'un Soleil : car il ne faut pas confondre les ages de la nature, et en anéantissant les temps intermédiaires, placer sa vieillesse auprès de son berceau.

J'entens par Système, l'astre unique qui contient le germe de tous les mondes, destinés à sortir un jour de son sein : et ceci est une suite nécessaire du principe que je viens d'admettre. Puisque l'astre central a pu, dans l'origine de tout, renfermer en lui les élémens de tous les Soleils, il faut bien que chaque Soleil, une fois projeté dans le firmament, renfermât aussi les élémens de tous les mondes, qui devaient, dans une autre période, former sa monarchie.

Or, quelle masse énorme ne présente pas à la gravitation du corps central, un Soleil qui recèle en lui tous les corps célestes de son Système ?

J'espère qu'on n'a pas oublié que le nôtre, quoiqu'il n'occupe qu'un point dans l'immensité du firmament, régit encore sept cent mille planètes du premier ou du second ordre et dix sept millions de comètes.

Et à l'époque, où tous ces mondes n'existaient qu'en germe, se trouvant sous la forme du feu principe, ils devaient avoir incomparablement plus de volume, et parconséquent procurer au Soleil un rang plus éminent dans l'espace.

Qu'on juge par ce tableau, de l'effroyable océan de feu, que dut projetter de son sein l'astre central, lorsqu'il organisa Sirius : ce Sirius, dont le diamètre, d'après nos calculs, est deux cents cinquante fois plus grand que celui de notre Soleil, et qui, dans l'état de dégénération où on le voit réduit aujourd'huy, soumet à sa sphère d'activité, cent soixante et quinze millions de planètes des deux ordres, et quatre mille deux cents cinquante millions de Comètes.

Ainsi du moment qu'on admet, que la force de projectile a dû s'exercer d'abord en raison des masses, plutôt qu'en raison des distances, il s'ensuit que les premiers astres sortis du foyer central, sont les Soleils à Système et non les Comètes à Hyperboles.

Ce premier fait une fois pressenti, tout

se lie, tout se coordonne, dans le vaste ensemble de tous les Systèmes.

Quelque force qu'ait déployé dans l'origine le feu générateur, son ressort se trouvant comprimé par la grandeur des masses, les Soleils, projettés du sein de l'astre central, n'ont pas dû aller circuler à des distances incommensurables : comme la gravitation de ce dernier courbait sans cesse la route rectiligne des nouveaux corps célestes, il les forçait à décrire autour de lui une orbite ; ainsi commença la belle loi Newtonienne, que de l'opposition des deux forces tangentielle et centrale, naît le mouvement et l'harmonie de l'univers.

Si l'astre central n'a projetté d'abord qu'un seul Soleil, l'astronomie indique que le nouveau corps céleste, à l'abri de toute perturbation, et mû également par la force de projectile et par celle de la gravitation, a dû décrire dans le firmament un cercle parfait.

De nouveaux astres s'élançant au sein de l'espace, le premier Soleil a vu changer les élémens de son orbite, et le cercle qu'il décrivait est devenu une Ellipse.

Enfin lorsque le ciel a été suffisamment peuplé, la rencontre de tant d'astres, dans le Labyrinthe inextricable du firmament, a converti l'Ellipse de quelques Soleils en Parabole et en Hyperbole.

Mais entraîné par la série de mes idées, je réunis des époques, que, si j'ose le dire, une partie de l'éternité sépare : revenons sur nos pas et rétablissons les élémens de notre Cosmogonie.

J'ai dit qu'au temps de la génération des premiers Soleils, ces masses ardentes, d'autant plus énormes, qu'elles renfermaient en elles tous les astres de leurs Systèmes, ne purent être projettées à des distances incommensurables ; et cependant quelle épouvantable distance nous sépare du corps central, puisque nos télescopes mêmes ne peuvent nous faire appercevoir les dernières Voyes Lactées, qui ne sont peut être qu'au centre d'un pareil espace? de plus nous sommes loin d'atteindre aux dernières limites du firmament, et les Soleils qui roulent derrière nous, dans la profondeur des cieux, ayant eu la même origine que le nôtre, il semblerait que, contre ma théorie, il aurait fallu, pour les lancer dans l'espace, une aussi puissante force de projectile, que pour les petites Comètes à Hyperboles.

Cette contradiction n'est qu'apparente, et une considération bien simple sur la nature de l'astre central va la faire évanouir.

Nous avons vû qu'avant que les mondes naquissent, le foyer central qui les renfermait tous, était lui-même incommensurable: nous avons même ajouté qu'à cette époque primitive l'astre, dont l'univers allait naître, devait occuper une grande partie de l'univers.

Qu'on se représente donc la sphère du firmament; si le corps central, qui aujourd'hui n'a peut être que le diamètre du système de Sirius, s'étendait alors en tout sens, seulement à la moitié du rayon général, il est bien évident que, se trouvant plus proche de tous les points de la grande circonférence, il n'aurait pas eu besoin d'une force de projectile incalculable pour lancer autour de lui les Soleils à Système; ainsi la réponse à l'objection dérive de sa propre analyse.

L'idée d'étendre ce corps central, que nous ne voyons point, jusqu'à un demi rayon de la grande sphère de l'univers, offre une difficulté plus spécieuse, que la probité philosophique ne doit pas dédaigner.

Quand même, me dira-t-on, l'astre central renfermerait ces millions de millions de globes, que l'imagination seule a droit de calculer, comme ils décrivent tous des orbites immenses autour de leurs Soleils, et qu'on compte par milliards de lieues les déserts intermédiaires des Systèmes, il est impossible d'admettre, que le corps central dont ils émanent, ait rempli jamais près de la moitié de la grande sphère de l'univers : un astre n'est qu'un point dans le cercle qu'il parcourt, et la nouvelle théorie tend à confondre ce point avec l'immensité de l'espace.

Cette difficulté s'évanouit encore d'elle-même, quand on se rappelle que les astres, au temps qu'ils faisaient partie du corps central, occupaient incomparablement plus d'espace qu'aujourd'huy, ou le rapprochement de leurs parties intégrantes leur a donné plus ou moins de densité. On peut se faire une idée de cette augmentation de volume, par la fameuse expérience de Boyle, où l'air, sans l'intervention de la chaleur, se trouva occuper un espace, treize mille sept cents soixante fois plus grand que dans son état naturel, et encore plus par l'incroyable

croyable dilatation du mercure, qu'attestent nos laboratoires de Chymie; dilatation, telle, qu'un pied cube de ce métal condensé remplirait peut être cent lieues, au moment où le feu le volatilise; mais le moment n'est pas venu d'analyser ces faits, et de les faire servir à l'appuy de notre Cosmogonie; ils trouveront une place plus naturelle, dans une théorie de la raréfaction, qui ouvrira l'histoire de l'organisation de notre globe.

Je prie, en attendant, l'homme droit qui me lit, d'admettre avec moi, que quand même l'univers vieux, et pour ainsi dire ossifié, n'occuperait aujourd'hui que la vingt millième partie du firmament, il serait encore infiniment probable, qu'au premier travail de la nature organisant les mondes, il en remplissait près de la moitié, surtout lorsque, renfermé dans l'astre central, il n'existait que sous la forme de l'être le plus rare, c'est-à dire, du feu élémentaire.

Mais qu'est devenue cette épouvantable

mer de feu qui échappe à tous les calculs ? comment un astre, qui s'étendait jusqu'au demi rayon de la sphère universelle, est-il invisible pour nous ? comment se dérobe t il, même aux astronomes de Sirius, séparé de notre globe par un intervalle de plus de cent mille milliards de lieues ? assurément ce corps central n'a pas disparu, rien ne s'anéantit, comme rien ne se crée dans le vaste sein de la nature : c'est le premier article du symbole de la raison.

L'astre central est devenu, ce que deviennent tous les corps, qui perdent sans cesse de leur substance, sans pouvoir la réparer : il a diminué graduellement de volume, à mesure qu'il projettait les corps célestes de son sein : et si dans l'origine, il atteignait jusqu'à l'orbite que décrit Sirius, il n'est pas étonnant, qu'après les pertes effroyables qu'il a faites, depuis qu'il exerce sa force tangentielle, il soit perdu pour ce Soleil même, dans les profondeurs du firmament.

Qu'on se représente le plus petit peut-être des Systèmes de l'univers, le nôtre, composé probablement de sept cent mille planètes et de dix-sept millions de Comètes, gravitant autour de leur Soleil ; qu'on se figure cette multitude de corps célestes, raréfiés au point d'ocuper dix mille fois plus d'espace ; assurément on ne supposera pas que ces torrents inappréciables de feu, soyent sortis du corps central, sans que celui-ci ait perdu de son volume ; or il y a des milliards de Systèmes Solaires dans le firmament, tous émanés de l'astre central à diverses époques, qu'on ne peut fixer qu'à l'aide de la chronologie de l'éternité.

Cette théorie se concilie d'ailleurs parfaitement avec notre grande loi, que le ressort de la nature va se déployant sans cesse : l'astre générateur de l'univers, du moment où substance n'a plus été homogène, n'a pas discontinué de lancer de son sein des Soleils, et cette projection perpétuée, pendant tant de milliards de siècles, a dû diminuer graduellement sa circonférence, jusqu'au point de n'exister aujourd'hui que pour les dernières Voyes Lactées, qui se perdent au delà des profondeurs de Sirius ou d'Orion.

Seulement ce grand ressort de la force tangentielle a dû s'affaiblir, à mesure que l'astre par excellence perdait de son volume, et s'éloignait de l'époque primitive de l'organisation des mondes.

Au premier age, l'astre central ayant encore toute son énergie, et occupant près de la moitié du firmament, a dû projeter tous les Soleils à Système, dont la masse imposante régit aujourd'hui les déserts de l'Espace.

La nature au second age, plus circonscrite dans sa sphère, a déployé moins de puissance : c'est alors que la force tangentielle, n'ayant plus à s'exercer en raison des grandes masses, a paru agir en raison des distances : elle a lancé, à des distances incommensurables, des Soleils sans Système, destinés à peupler les déserts du firmament, et voilà l'origine des Comètes à Hyperboles.

J'aime à me figurer le corps central singulièrement réduit, par cette prodigieuse émanation d'astres lumineux et de Comètes, qui ne projette plus, dans son troisième age, que de petits Soleils sans Système, prêts à s'éteindre, parce qu'il n'ont pour principe de vie qu'un feu dégénéré.

La période qui suit, empreinte des pas d'une nature vieillissante, présenterait l'astre, autour duquel l'univers gravite, réduit au plus faible volume qu'exige l'équilibre des mondes, et ne lançant plus qu'à de petites distances, des masses éphémères dont nous concevons l'idée, d'après les taches de notre Soleil.

Enfin s'il était permis de porter un regard

indiscret, jusques dans les profondeurs d'un avenir, auquel l'arithmétique a de la peine à atteindre, je penserais que quand l'astre central, privé de presque toute sa force expansive, ne projetterait plus de masses ardentes hors de son disque, et se verrait réduit à un volume, qui rendrait les actions des corps célestes plus puissantes que la réaction, il faudrait bien que l'univers actuel, arrivé au dernier période de la décrépitude, subît non une destruction, mais un renouvellement.

Entraîné par la filiation de mes idées, j'ai lié, pour ainsi dire, ensemble les deux limites de l'éternité : revenons un moment sur nos pas, et rapprochons toutes les parties éparses de notre tableau, pour faire ressortir davantage le point de vue des premières générations du firmament.

Tout ce qui existe aujourd'hui d'organisé dans l'espace, était originairement sous la forme du feu élémentaire dans le sein de l'astre central, père de l'univers.

Cet astre central, qui embrassait tous les corps célestes, au plus haut période de raréfaction, dut, tant qu'il resta homogène, avoir un volume incommensurable ; il fécondait, pour ainsi dire, par sa présence, tout ce qui restait d'espace dans la sphère universelle, jusqu'aux derniers points de la circonférence.

Il est impossible à l'intelligence humaine, de fixer même par approximation le temps, où l'astre principe se conserva pur et homogène ; mais dès que ses molécules élémentaires, en se rapprochant, acquirent le pouvoir de graviter, le corps central, en vertu de son mouvement de rotation sur son axe, déploya toute sa force tangentielle contre ces masses hétérogènes, et voilà l'origine des premières générations du firmament.

La force tangentielle de l'astre central,

comme un ressort comprimé qui se débande, dut s'exercer sur-tout sur les grandes masses qui tendaient à l'enchaîner : ainsi les premiers corps célestes qui naquirent furent les grands Soleils des Voyes Lactées, que nous ne connaissons que par le microscope de l'analogie, et, parmi ceux qui frappent nos regards, les étoiles de la première grandeur, telles qu'Arcturus, Aldébaran, Sirius ou Orion.

Quand cette force expansive perdit un peu de son énergie, il ne s'élança plus du sein de l'astre central, que des Soleils inférieurs, tels que ceux qu'on n'atteint qu'avec les instruments astronomiques d'Herschell, et surtout le nôtre, un des infiniment-petits du firmament.

Tous ces Soleils, tant de la première que de la seconde génération, renfermaient en eux, quand ils furent projettés, le germe de ces millions de planètes et de comètes qu'ils devaient faire naître à leur tour,

Il était aisé à l'astre central, que nous avons supposé, dans son premier age, s'étendre en tout sens jusques vers le demi-rayon de la grande sphère, d'atteindre avec sa force de projectile, jusques vers les confins de l'empire presqu'infini de la nature.

A cette époque, tout l'espace se peupla de Soleils à Système, depuis le point du demi rayon, où les corps célestes purent graviter autour de l'astre central, jusqu'auprès de la circonférence.

Mais à mesure que les astres nouveaux peuplaient le firmament, l'astre principe diminuait de volume, et laissait ainsi de grands intervalles à remplir dans la profondeur de l'espace.

Comme la force tangentielle ne pouvait être un moment sans se déployer, les intervalles que le corps central abandonnait, furent bientôt occupés par de nouveaux

Soleils qui jaillirent de son sein au dépens de sa substance.

C'est par cette série perpétuelle de générations d'un côté, et de déperditions de l'autre, que peu à peu le firmament s'organisa. Un Soleil dominateur l'avait vivifié longtemps par sa présence : des milliards de petits Soleils, nés de lui, parvinrent par degrés à le confiner jusqu'au centre de son empire ; il me semble lire l'Histoire de la Cosmogonie Grecque, où Jupiter et ses frères détrônèrent le père des dieux et le firent oublier.

L'astre central n'avait pas attendu, qu'il n'eût à peu près que le diamètre de l'empire de Sirius, pour peupler les déserts qui séparaient les Soleils : il est infiniment probable, qu'ayant besoin de toute l'énergie de sa force tangentielle, pour lancer des corps lumineux jusqu'aux portes de l'univers, il organisa les Comètes à Hyperbole, avant que les Soleils, épars dans le firmament, organisassent leurs propres Systèmes.

Ces Comètes si énormes, si on les compare au Soleil dégénéré, autour duquel gravitent obscurément nos petites planètes, mais si faibles, si on les met en regard avec les Soleils primitifs, qui renfermaient en eux tous leurs Systèmes, durent être lancées aisément jusques vers les bornes de la grande sphère, puisqu'ils obéissaient à une force de projectile, qui ne pouvant plus s'exercer en raison des masses, s'exerçait en raison des distances : mais ces corps célestes, dans l'hypothèse où ils ne se seraient jamais écartés de la route rectiligne qui leur avait été tracée, auraient été se perdre dans les abymes du néant; heureusement que par notre théorie, le ciel se trouvant plein d'astres perturbateurs, leur force centrale a dû faire varier la trajectoire de ces masses lumineuses; et il suffit d'invoquer un moment la géométrie des courbes, pour calculer, comment une comète à Hyperbole a pu changer ses élémens, jusqu'à adopter une révolution autour du corps central, ainsi qu'une planète vulgaire autour de son Soleil.

Je me suis beaucoup occupé dans ce chapitre de l'astre central, dont l'existence ne nous est indiquée que par la plus sublime analogie; heureusement à cet égard les objections du Scepticisme disparaîtront, à mesure que nous avancerons dans la structure du reste de l'univers : et les mouvements compliqués des astres engendrés, que nous voyons rouler dans l'espace, nous démontreront le mouvement simple de l'astre générateur par excellence.

DÉVELOPPEMENT
DES SYSTÈMES SOLAIRES.

Dans la nature, la magnificence des effets marche toujours avec la simplicité des causes : il ne m'a fallu que le développement de la force tangentielle dans le corps central, pour peupler le firmament de Soleils : maintenant, si mes spéculations n'ont rien d'arbitraire, il ne faudra que le développement de la force tangentielle dans les Soleils, pour produire tous les corps célestes de leurs Systèmes.

Je ne pense pas que d'après notre théorie des éléments, on révoque en doute la faculté expansive de tout foyer de feu, concentré en masse, et si l'on était tenté de prendre cette théorie pour la métaphysique de l'astronomie, j'en appellerais à des phénomènes, que nos observatoires sont sans cesse à portée de vérifier, c'est-à-dire, à ces corps embrasés que le Soleil lance à différents intervalles sur son disque, et aux taches des planètes à demi éteintes, comme Mars et Jupiter.

Or, puisque l'astre central, en projettant les Soleils dans l'espace, leur a communiqué une partie de la force tangentielle, qui faisait partie de son essence, il est bien évident que ces astres nouveaux ont dû déployer la même force, pour projetter à leur tour les masses hétérogènes qui se formaient dans leurs foyers; ce résultat est juste, ou il n'y a point de dialectique en Cosmogonie.

Seulement il ne faut pas perdre de vue, que toute force s'affaiblissant par la communication, on ne sçaurait légitimement attendre d'un Soleil secondaire, les effets puissants qu'a opérés sur le théâtre de la nature le Soleil primitif.

Les premiers Soleils projettés, le furent vers la circonférence de la grande sphére; les autres s'en éloignèrent par dégrés, en suivant le corps central, aux traces de sa retraite; mais comme il s'écoula sans doute des myriades de siècles, dans l'intervalle de ces projections, les Soleils voisins de la circonférence eurent le temps de s'éteindre, pendant que ceux qui s'approchaient du centre de la sphére ne commençaient qu'à s'allumer; or, comme l'opacité est le caractère distinctif de la vieillesse des corps célestes, on pourrait peut-être, par la quantité de planètes éteintes qui sont dans un Système, juger du rang qu'il occupe dans l'espace : par exemple le nôtre qui, sur dix-neuf astres, dont nous connaissons les révolutions, n'en compte que trois, où le feu principe ait encore quelqu'énergie, est surement plus voisin des frontières que de la métropole de l'univers.

Ce fait, important dans les annales de

la nature, deviendra plus sensible encore par la théorie de l'organisation des Systèmes.

Les Soleils, répandus dans l'espace, et soumis à une double révolution sur leur axe et autour de l'astre central, ne tardèrent pas à déployer leur force tangentielle ; il en jaillit, à diverses époques, une quantité innombrable de Soleils du troisième ordre, destinés tôt ou tard à s'éteindre, suivant leur tendance, plus ou moins grande à l'opacité : ce sont les Comètes à Ellipse et les planètes.

Enfin par une marche pénible et non encore frayée, au travers d'un univers intellectuel, nous arrivons aux confins d'un univers sensible, et il faut apporter la plus grande vigilance, pour que dans la grande carte géographique que je lève, les positions déjà vérifiées se concilient avec les régions inconnues, dont j'ai osé évaluer, par approximation, les distances.

Je n'ai besoin, pour remplir ce but philosophique,

losophique que d'analyser avec quelqu'é-
tendue, l'idée fondamentale que je viens
de jetter sur la génération des Systèmes.

J'ai dit que les Soleils du troisième ordre,
destinés à devenir des Comètes à Ellipse, ou
des Planètes, jaillirent du sein des Soleils
secondaires à diverses époques ; et pour
s'en convaincre, il suffit de se rappeller
notre principe primordial, que la force d'expansion inhérente au feu élémentaire ne
se repose jamais : elle peut s'affaiblir graduellement dans ses effets, à cause de la
force centrale des masses qui l'enchaînent,
mais si elle venait à se perdre tout-à-fait,
l'astre lumineux dont elle est le ressort,
serait lui-même anéanti.

Ces Soleils du troisième ordre, furent
projettés dans un nombre presqu'incalculable, à cause de la période de temps presqu'incalculable aussi, où s'opérèrent ces générations : cette loi est une de celles qui
donnent la plus haute idée de l'ordre de la

nature et de sa magnificence ; elle conduit à faire dériver l'harmonie des mondes de la population de l'espace.

Ces nouveaux astres ne s'élancèrent dans le firmament, qu'au dépens des Soleils secondaires dont ils émanaient ; c'est une ramification nécessaire de notre théorie sur l'astre primitif : à mesure que ces corps célestes s'organisaient, le centre lumineux du Système diminuait de volume, ce qui entraînait l'affaiblissement de son pouvoir générateur.

Quand les astres du troisième développement naquirent, ils parurent dans l'espace sous la forme de Soleils : car il est physiquement impossible qu'un réservoir de feu principe, dont un double mouvement entretient sans cesse l'activité, puisse produire autre chose que du feu. Il n'y a qu'une Philosophie inconséquente, ou une Théologie visionnaire qui peuple tout d'un coup les cieux de corps opaques, comme si la nature avait commencé sa longue vie par la décrépitude.

Mais ces derniers Soleils, soit Cométaires, soit Planétaires, se trouvant infiniment moins homogènes que les Soleils secondaires, qui l'étaient déjà eux-mêmes beaucoup moins que l'astre central, devaient, par la faiblesse de leur force tangentielle, s'éteindre peu à peu ; alors ce fut la tendance plus ou moins grande à la densité, qui accéléra ou qui retarda leur extinction ; nous verrons dans la suite combien les Comètes à Ellipse sont supérieures à cet égard aux Planètes.

Lorsque parmi les Soleils-Planètes, il s'en trouva qui, tout dégénérés qu'ils étaient à leur naissance, se trouvèrent avoir encore une force expansive supérieure à la force centrale, ils purent projetter autour d'eux des Planètes subalternes, que nos Cassini désignent sous le nom de Satellites.

Telle est donc l'heureuse fécondité de

mes loix primitives sur l'organisation des mondes, qu il me suffit de faire voir leur enchainement, pour les lier de la manière la plus naturelle aux phénomènes connus de notre astronomie.

Nous avons dans notre Système un Soleil qui tend journellement à s'éteindre, puisqu'il ne peut plus lancer au delà de son disque que des taches.

Les Planètes, qu'il régit, émanent évidemment de sa substance, puisqu'elles circulent autour de lui dans le même sens et presque dans le même plan ; puisque leurs deux mouvements de rotation sur l'axe, et dans leur orbite, sont contemporains : puisqu'elles conservent encore, malgré la prépondérance de leur force centrale, une partie du feu Solaire qui les vivifie.

Ces Planètes étaient sans doute, dans leur principe, des Soleils, puisque notre physique, toute imparfaite qu'elle est, peut calculer les divers périodes de leur extinction : puisque nous sçavons, par la théorie des taches, que Mars et Jupiter sont encore à demi lumineux, tandis que notre globe, déjà vieux, n'a plus de feu élémentaire, que ce qu'il lui en faut pour conserver ses substances animales et végétales, et que notre Lune, dans la décrépitude, est, par son extinction absolue, morte à jamais pour la nature.

Les Satellites de nos Planètes sont, avec autant d'évidence, nées dans leur sein, puisqu'elles forcent ces masses subalternes à circuler dans l'orbite qu'elles leur ont tracé, et qu'il règne un équilibre admirable entre la gravitation de l'astre engendré et celle de l'astre générateur ; il faut paralyser soi-même son entendement, pour ne pas voir que notre globe est le principe de la Lune, que Jupiter a fait naître ses quatre Satellites et que Saturne a organisé son Anneau.

Les Comètes à Ellipse émanent aussi du

Soleil de leur Système, puisque cet astre est le foyer de leurs orbites. Si, à la différence des Planètes connues, elles se meuvent indifféremment dans tous les sens, et avec toutes les inclinaisons possibles, c'est probablement qu'elles échappent par la rapidité de leur mouvement à l'action de l'atmosphère Solaire qui entraîne les autres corps célestes : si l'orbe qu'elles décrivent est d'une grande excentricité, c'est que la force tangentielle s'est exercée en raison des distances, plutôt qu'en raison des masses, comme il résulte de notre théorie sur les Comètes à Hyperbole.

Il n'y a point de phénomène particulier dans notre Système Solaire qui ne s'explique avec les loix générales qui viennent d'être tracées : mais la démonstration, que tout homme instruit trouvera de lui-même, demanderait, pour les lecteurs vulgaires, plusieurs volumes, et j'oublirais alors que des recherches sur le Monde Primitif, ne doivent pas renfermer un traité complet d'Astronomie.

A mesure que nous descendrons la grande échelle de la nature, depuis l'astre principe, jusqu'au petit globe soumis à notre analyse, nous verrons les probabilités de notre théorie s'accroître, les faits prendre la place des hypothèses ; et quand cette Cosmogonie sera terminée, à la vue de ce colosse énorme, élevé en partie dans les nuages, mais bien proportionné, on sera moins tenté de le comparer à celui de Daniel : on soupçonnera qu'avec une tête d'or, il peut n'avoir pas des pieds d'argile.

ORGANISATION ET THÉORIE
de notre Système.

L'ignorance physique et religieuse fit, pendant un grand nombre de siècles, circuler l'univers autour de ce petit point imperceptible dans l'espace, qu'on nomme la Terre ; dans la suite le demi-savoir fit de notre Soleil l'astre dominateur du firmament : aujourd'hui que toute cette poussière de la Scholastique et de la Théologie a disparu, nous pouvons, sans danger, rétablir la vraie hiérarchie des astres, et dire que notre Soleil, avec tout son cortège Planétaire et Cométaire, n'est qu'une faible émanation du corps central, autour duquel gravitent tous les Systèmes.

Le tableau que nous avons tracé de la population des cieux, n'est pas fait pour bercer notre orgueil d'une idée de supériorité : cependant quoique notre Système Solaire ne soit tout entier qu'une faible goutte d'eau dans l'Océan de l'espace, tout me persuade qu'à une époque, qui échappe à l'imagination la plus ardente, il put jouer quelque rolle dans le firmament.

Qu'on se figure un Soleil qui renferme dans son sein au moins sept cents mille Planètes et dix-sept millions de Comètes, toutes dans un état de raréfaction qui augmente prodigieusement leur volume; ce n'est point avancer un paradoxe que de lui assigner, dans ces temps primitifs, un diamètre dix millions de fois plus grand qu'il ne l'est aujourd'hui; et par cette évaluation, dont la théorie de notre globe prouvera bientôt la faiblesse, il offrira au calcul près de dix mille milliards de lieues de circonférence.

Une autre induction non moins forte en faveur de mon hypothèse, c'est que, par la position infiniment vraisemblable de notre Système Solaire, vers les limites du firmament, son organisation remonte à la plus haute antiquité. Il est infiniment probable que lorsqu'il fut projetté dans l'espace, l'astre générateur, encore dans sa plus grande énergie, s'étendait presque jusqu'au demi-rayon de la grande sphère : ce qui nous donne une sorte de supériorité sur d'autres Systèmes qui peuvent nous effacer en grandeur, mais qui nous cèdent en généalogie, tels que ceux d'Arcturus ou d'Orion.

Enfin, le dirai-je ? ce qui manifeste la prodigieuse antiquité de notre série de mondes, c'est que tout y porte l'empreinte de la vieillesse ; notre Soleil a perdu évidemment la plus grande partie de sa force de projectile : sur dix-huit Planètes connues dont il est le centre médiat ou immédiat du mouvement, il y en a 16 entièrement éteintes, et les deux autres ne projettent plus que des masses inertes qui se détruisent en naissant. Or les ruines mêmes de notre Système, attestent son ancienne splendeur, comme quelques colonnes mutilées et éparses dans les deserts de l'Orient, annoncent le sol vénérable de Palmyre ou d'Héliopolis.

Quand notre Soleil de dix mille milliards de lieues de circonférence naquit, il lui fut imprimé un double mouvement de rotation sur son axe et de translation, mouvements nécessaires pour expliquer l'harmonie des corps célestes, et qui naissent tous deux de l'obliquité du coup frappé par le projectile : en effet, les loix physiques sur le choc des corps, annoncent qu'un globe ou un sphéroïde ne sçauraient se mouvoir autour de leur axe, si l'impulsion ne leur est communiquée hors de leur point central : mais il est impossible de concevoir une pareille impulsion, hors du centre, sans son déplacement ; ainsi les deux phénomènes dérivent de la même cause : l'astre central n'a pu forcer notre Soleil à tourner sur lui-même, sans l'obliger à décrire autour de lui une Ellipse immense dans les déserts de l'espace.

Quelque naturelle que soit une pareille spéculation, quoiqu'il soit évidemment absurde qu'un astre lumineux, jetté dans un coin reculé du firmament, qui se trouve le centre de la gravitation de tant de millions de Planètes et de Comètes, ne gravite pas lui-même autour d'un centre, cependant il faut dire, à la honte de ce siècle de lumières, qu'une pareille doctrine ne vient que de naître; l'ingénieux Prevost en jetta le premier les élémens en 1783, dans un mémoire lû à l'académie de Berlin, et qui y éprouva beaucoup de contradictions : car l'œil de l'entendement, quand il est accoutumé à des demi-lueurs, se refuse presque toujours à la lumière.

On objectait à l'astronome, que si notre

Soleil avait un mouvement absolu dans l'espace, on s'en appercevrait sans peine par la variété des apparences du firmament: comme si cet astre n'entrainait pas avec lui tous les corps célestes de son Système ! comme si la prodigieuse distance des Fixes, et la série de siècles qu'exigeraient de pareilles observations, n'empêchaient pas qu'une pareille découverte fût mise de longtemps au rang des théorèmes de l'astronomie.

On peut juger, par un calcul bien simple, de l'impossibilité de démontrer d'une manière rigoureuse, le mouvement du Système Solaire autour de l'astre central ; cette circulation ne peut devenir évidente, qu'autant qu'on prouvera notre changement de rapport avec les corps célestes environnans: or comment l'établir ? nous avons vu que la distance de notre globe à la plus prochaine des Fixes, est de mille milliards de lieues : quand on nous rapprocherait d'elle, de la moitié de cet intervalle, il est encore prouvé que cette étoile serait sans parallaxe : ainsi notre Système aurait fait cinq cents milliards de lieues dans le firmament, et nous ne nous en serions pas apperçus.

Oui, notre Soleil, ainsi que toutes les étoiles, qui sont autant de Soleils d'autres Systèmes, circulent autour du corps central : ce mouvement est infiniment plus nécessaire à l'équilibre des mondes, que celui de la rotation sur l'axe; et quoiqu'il soit de nature à n'être démontré mathématiquement, que dans trente siècles peut être, malheur à l'astronomie circonspecte, qui oserait rejetter cet article de son symbole !

On demandera, sans-doute, quelles étaient les loix de la gravitation de notre Soleil, au temps où il pouvait avoir dix mille milliards de lieues de circonférence : je répondrai que ce sont les mêmes qu'aujourd'hui, où il ne lui en reste plus qu'un million. Qu'on se rappelle qu'à l'époque où il fut projetté, l'astre générateur s'étendait peut-être jusqu'au demi rayon de la grande sphère : alors si l'action était immense, la réaction l'était aussi : ce qui ne change rien aux élémens de l'équilibre.

D'ailleurs la gravitation s'évalue en raison des masses, et non en raison du volume : notre Soleil avec ses Planètes et ses Comètes isolées, a encore le même poids, que lorsque ces millions de globes réunis et raréfiés, lui formaient un contour de dix mille milliards de lieues : il en est de même de l'astre central, car les modifications des corps n'en changent pas l'essence : la vieillesse condense tout, ossifie tout, mais n'anéantit rien.

Et si l'on dit que la dispersion des corps célestes, émanés de l'astre central, a réellement amené la diminution de sa masse, je montrerai le même phénomène dans la division de notre Soleil, en sept cents mille Planètes et dix-sept millions de Comètes;

ainsi sous quelque point de vue qu'on envisage la gravitation réciproque de notre Soleil à demi éteint et du Soleil principe, on retrouve toujours un accord parfait avec ces belles loix de Newton, qui nous ont dévoilé le secret de la faiblesse de toutes les anciennes Cosmogonies.

L'unique variation que je découvre entre la gravitation de notre Système réuni en un seul Soleil, et celle de ce Système, dispersé en Planètes et en Comètes, vient du changement des distances; et cette considération, je l'avoue, met un grand poids dans notre théorie; pour peu qu'on soit initié dans les spéculations Newtoniennes, on sçait que la force d'atraction est en proportion inverse du quarré des distances, c'est à dire, qu'en mettant cette formule mathématique en langage populaire, tout corps qui s'éloigne trois fois plus du centre de son mouvement, gravite neuf fois moins, et que s'il s'en écarte cent

cent fois davantage, il doit graviter dix mille fois moins ; on voit aisément par l'analyse de cette loi, quelle prodigieuse différence il doit y avoir entre la gravitation respective du Soleil engendré et du Soleil générateur, lorsque ce dernier tantôt est voisin, et tantôt se perd derrière les dernières Voies Lactées, qui sont elles-mêmes à une distance incommensurable, du Système de Sirius.

Je suis en effet persuadé que l'astre central est bien loin de peser sur notre Système dispersé, comme il pesait sur notre Système réuni : mais je persiste à croire que cette altération, effet nécessaire de la matière qui se modifie, n'intervertit en rien les loix générales de l'univers.

La marche d'un astre qui s'éloigne du centre de son mouvement, se rallentit sans doute, mais il n'en résulte aucun désordre sensible dans le firmament : le grand Halley a prouvé, que dans l'intervalle seulement de vingt siècles, le moyen mouvement de Saturne avait retardé de neuf degrés quinze minutes, et aucun des mondes qui l'avoisinent, n'en a paru troublé : les astres, dont les formes ne sont pas éternelles, peuvent changer de configuration, diminuer de volume, ralentir ou accélérer leur révolution, et la paix générale n'en règne pas moins dans le firmament.

Au reste, il est dans la nature même des corps célestes de voir, par la seule série des siècles, leur marche autour d'un centre se ralentir : il faut, comme nous l'avons déjà insinué, attribuer cet effet à la résistance de l'Ether, qui, quoiqu'insensible pour des observateurs d'un jour, comme les hommes, cesse de l'être aux yeux de cette nature, pour qui les siècles amoncelés ne sont qu'un point dans la durée de sa carrière.

La théorie de cette résistance du fluide Ethéré est encore bien peu avancée : cependant nous avons vu en 1762 notre académie des sciences couronner le mémoire d'un astronome qui jettait les fondements de notre doctrine : il est dit en propres termes dans cet ouvrage ingénieux, que si l'Ether, en résistant aux astres qui le parcourent, n'imprime aucun mouvement à leurs Périhélies et à leurs Aphélies, du moins il altère les grands axes de leurs orbites, et parconséquent les temps de leurs révolutions.

D'ailleurs une considération de la plus haute importance en astronomie, contribuera à nous rassurer sur la crainte, que l'affaiblissement de la marche des Soleils autour du corps central, n'influe sur l'équilibre de l'univers.

Les astres, comme nous nous en sommes convaincus par la belle théorie de Newton, ont deux mouvements : celui qui les lance dans la tangente de leurs orbites et celui qui les fait graviter vers un entre ; et c'est de la combinaison de ces deux forces que naît l'orbite curviligne, qu'ils sont contraints de parcourir.

On sent que si une de ces deux forces éprouvait seule un grand affaiblissement, il en résulterait des suites terribles pour l'astre retardé dans un de ses mouvements : par exemple, si la force tangentielle diminuait seule dans Jupiter, il irait par un mouvement accéléré se précipiter dans notre Soleil : si c'était la force centrale, il irait en traversant les déserts intermédiaires des Systèmes, se perdre aux frontières du firmament.

Mais la nature, dont l'harmonie est la première loi, ne fait point éprouver de secousses violentes aux corps célestes qu'elle organise : en même temps que les Soleils gravitent moins sur l'astre central, qui tend sans cesse à les fuir davantage, la résistance de l'Ether fait qu'ils s'avancent sans cesse d'un mouvement moins accéléré dans la tangente de leurs orbites : ainsi tout est combiné de la manière la plus sublime, dans la dégradation des deux mouvements : les astres, comme tout ce qui existe d'organisé, veillissent sans-doute, mais d'une manière insensible, et il n'y a que la nature elle même qui puisse s'en appercevoir,

Cet affaiblissement simultané des deux forces tangentielle et centrale, me semble un des plus beaux traits de lumière qui puisse éclairer la nuit d'une Cosmogonie ; et dans un siècle de Philosophie, ou l'envie n'attend pas toujours la mort pour permettre le progrès des découvertes, je ne désespère pas de voir quelque grand géomètre soumettre cet affaiblissement au calcul, et en faire une base nouvelle à l'astronomie.

J'ai laissé notre Soleil avec le volume hypothétique, qui donne à son globe dix mille milliards de lieues de circonférence, gravitant, dans l'origine de son organisation, sur le corps central, alors peu éloigné dans les profondeurs du firmament : voyons l'usage qu'il fit de sa force expansive, lorsqu'à l'exemple de l'astre principe, dont il émanait, il se forma dans son sein des masses hétérogènes que sa rotation autour de son axe le força de projetter.

D'abord cette force expansive ne sçaurait être un problème : on peut en juger par l'émission continuelle de ces rayons de lumière, qui nous avertissent de l'existence d'une Planète comme Herschell, éloignée de six cent trente-six millions de lieues de l'astre qui l'éclaire : émission qui remplit si bien les vues de la nature, en empêchant des millions de Planètes éteintes de rester solitaires au milieu de leur Système.

Dominique Cassini avait jetté, sur la fin du siècle dernier, les fondemens de cette doctrine sur l'expansion Solaire, en soumettant à ses recherches ingénieuses le phénomène de la Lumière Zodiacale, plus connue aujourd'hui sous le nom d'Aurore

Boréale. Ayant observé que cette Lumière semblait inclinée à l'Écliptique comme l'Équateur Solaire, que sa position n'était point constante à l'égard de l'horison, et qu'ainsi il était absurde d'en mettre le siége dans notre atmosphère, ce grand astronome eut le bon esprit d'en conclure qu'elle émanait directement du Soleil ; il alla plus loin encore, et s'étant apperçu qu'à l'époque où le feu Zodiacal s'affaiblissait, l'astre qui l'avait produit avait moins de taches, il en conclut que le feu et les taches dérivaient du même écoulement.

Dominique Cassini n'était pas encore au terme de ses heureuses conjectures : comparant l'Anneau de Saturne à sa Lumière Zodiacale, il soupçonna que tous deux pouvaient être un amas de petites Planètes imperceptibles, qui circulaient autour de l'astre dont ils étaient émanés ; et quand même mille générations se passeraient avant qu'une pareille idée se vérifiât, il faudrait encore sçavoir gré à son auteur d'avoir été conduit par son génie seul à la vraie théorie de l'expansion du feu Solaire. Ce qu'un homme tel que Dominique Cassini soupçonne, est plus fait pour servir d'époque dans l'histoire des arts, que ce que le vulgaire des astronomes certifie.

Au reste la projection des taches, qui a si longtemps arrêté nos regards, porte jusqu'à l'évidence la preuve qu'il existe une force tangentielle, toujours en activité dans le sein du Soleil.

Et en rassemblant, sous le même point de vue, toutes les variétés des explosions de cette force, on pourrait dire, que tantôt la matière projettée est de la plus grande tenuité, et c'est ce que nous appellons la lumière : tantôt elle est d'une certaine densité, et ce sont les taches ; quelquefois elle tient le milieu entre les deux émanations, et c'est l'Aurore Boréale.

Continuons nos recherches sur la théorie

de notre Système, et conduits par le fil de l'analogie dans le Labyrinthe de la Cosmogonie, établissons comme faits dans notre Soleil, ce qui ne pouvait être qu'hypothèses dans l'astre central ou dans Sirius.

Je pense qu'il ne reste plus de doute à l'homme éclairé, sur les grands effets de la force tangentielle de notre Soleil, à l'époque de son organisation; et que si aujourd'hui qu'il est à demi éteint et divisé en tant de millions de parties, il peut encore projetter sous le nom de taches des masses ardentes, qui ont quatre fois le diamètre de notre globe, il a bien pu, dans le temps de son intégrité, et lorsque ses feux avaient toute leur énergie, lancer dans l'espace les Planètes et les Comètes de son Système.

Ce Soleil, malgré la déperdition continuelle de sa substance, conserve encore toutes les apparences d'un astre principe: il est le seul astre connu du Système, dont la force de projectile se déploye, comme nous l'avons observé dans le phénomène des taches.

Le fluide, qui constitue sa substance, est d'une ténuité qui annonce son ressort; en effet, quoique cet astre soit un million de fois plus gros que la terre, il n'a que deux cents soixante mille fois plus de matière : s'il en avait la densité, sa force tangentielle serait anéantie, et il ne serait plus Soleil.

Cependant, malgré la ténuité des molécules Solaires, l'astre a encore assez de masse pour retenir les Planètes et les Comètes qu'il a fait naître, dans leurs orbites : Jupiter, qui a plus de douze cents quatre-vingt fois la grosseur de notre globe, est le corps céleste le plus pesant, de ceux que nous avons eu l'audace d'analyser : or, le Soleil est mille fois plus massif que Jupiter : ainsi cet astre dominateur, exerçant sur les mondes qu'il régit, une force d'attraction, incomparablement plus grande que celle qu'ils exercent sur lui-même, il n'est pas étonnant qu'il conserve, dans son état de dégénération, l'empire qu'ils acquit dans sa splendeur, lorsqu'il organisa les premiers corps célestes de son Système.

J'ai, par une table d'approximation nécessairement conjecturale, porté à dix mille milliards de lieues la circonférence de notre Soleil, lorsqu'il renfermait en lui tout son Système : ce ne serait que par une évaluation, infiniment plus conjecturale encore, qu'on pourrait graduer la diminution successive du volume de cet astre, à mesure qu'il projetta les sept cents mille Planètes et les dix-sept millions de Comètes, que la nécessité de peupler le firmament nous a obligés de placer dans son empire. Je pense qu'il veut mieux laisser faire aux générations futures de pareilles tables, si cependant un Newton, qui viendrait l'an vingt mille de notre Ere vulgaire, trouve un corps assés complet d'observations célestes, pour être en état de la dresser.

En partant du même principe, que plus nous approchons de notre horison, plus nous devons parler aux yeux plutôt qu'à l'imagination, nous laisserons dans les déserts de l'espace ces millions de corps célestes qui échappent au microscope, pour ne nous occuper que de ceux qui exercent tous les jours le génie de nos Halley. Le lecteur éclairé saisira aisément sans moi tous les résultats de l'analogie entre les astres connus et ceux qui ne sont que pressentis. J'aime mieux que les hypothèses naissent des faits, que si on arrivait toujours aux faits par la voye des hypothèses.

La force expansive de notre Soleil n'a pu se reposer un seul instant; car le repos, dans cette circonstance, est le symbole de la mort; ainsi il est hors de doute que depuis les astres lumineux qu'il a projettés à l'époque de son organisation, jusqu'aux simples taches qu'il lance aujourd'hui, il n'a cessé de déployer son pouvoir générateur; et quand on réfléchit sur l'effroyable quantité, non d'années, mais de myriades de siècles qui ont dû s'écouler depuis cet age primitif, on ne sera pas tenté de nous soupçonner d'exagération, quand nous ne placerons que sept cents mille Planètes d'ordres différents, et environ dix-sept millions de Comètes à Ellipse dans notre Sytésme.

Mais si le Soleil, lorqu'à force d'émanations, il a commencé à se dégrader, ne projettait plus qu'à de longs intervalles des astres à demi lumineux, il est hors de doute qu'au temps de son énergie primordiale, il pouvait lancer à la fois, et à de grandes distances de son disque, de vrais Soleils qui allaient circuler autour de lui, à diverses distances, suivant les loix de leur densité.

On semble conduit à ce résultat, par la vue des sept grandes Planètes de notre Système, dont les orbites sont à peu près dans le même plan et presque dans celui de l'Équateur Solaire ; ce qui annonce qu'elles ont pu être mises en mouvement par une impulsion commune et qui datte de la même époque ; d'ailleurs tous ces corps célestes roulent dans l'espace, d'Occident en Orient, avec leur cortège de Satellites, et on pourrait dire que si leur projection n'avait pas été simultanée, il eut été bien difficile qu'il n'arrivât pas à l une d'elles de tourner dans le sens contraire ; on a soin d'appeller à cet égard en témoignage ; le calcul des probabilités : calcul qui, au défaut d'une démonstration rigoureuse, a quelque poids auprès des géomètres.

Assurément rien n'est plus facile que d'organiser ainsi les mondes, quand on les plie malgré les faits contraires à une loi générale : mais c'est cette facilité même qui me donne du soupçon contre la théorie : Buffon s'est servi de cette projection simultanée, pour faire un œuf de Léda de la Comète, qu'il a supposée la mère de nos Planètes, et aujourd'hui que cet œuf s'est brisé sous la main de la raison, je dois mettre la plus grande circonspection à ne pas le reproduire.

D'abord les orbites des Planètes ne sont qu'à peu près dans le même plan, et elles y auraient été d'une manière rigoureuse, s'il n'y avait eu qu'une seule et même projection. Laissons les à peu près pour les ouvrages fragiles et imparfaits de l'homme, il n'y en a point pour la nature qui est pour nous l'éternel géomètre.

D'ailleurs il y a dans cette loi une exception formelle pour Vénus; le grand Cassini a démontré que, tandisque la rotation de Mars et de Jupiter s'exécutait autour d'un axe presque perpendiculaire, l'axe de la révolution diurne de Vénus était presque couché dans le plan de son orbe autour du Soleil : ce fait seul renverse toute l'hypothèse : car si Vénus a pu être projettée seule, il n'y a plus d'identité de projection dans les Planétes.

Laissons encore une fois des loix générales, que des cas individuels contrarient sans cesse : suivons la nature pas à pas, et quand nous l'interrogeons, craignons de prendre nos paradoxes pour ses oracles.

Au reste nous n'avons pas besoin de l'identité de projection dans les sept grandes planétes de notre Système, pour nous convaincre qu'elles furent originairement des Soleils également actifs, et parconséquent également propres à projetter ces Planétes subalternes, que nous désignons sous le nom de Satellites.

Et comme nous ne sommes plus dans une région du firmament inaccessible aux regards, abandonnons sur ce grand problème, nos hautes spéculations, et voyons si nous arriverons aux mêmes résultats, en ne consultant que les annales éparses des astronomes.

Ce qui, aux yeux des Cassini et des Halley, semble distinguer un Soleil foyer de lumière, des corps opaques qui se contentent de la réfléchir, ce sont, en effet, les astres secondaires qui sont forcés de circuler dans le plan de son Équateur : si l'astronomie donnait à ces masses subalternes un nom général, elle devrait les appeler des Satellites, et alors la terre actuelle, ainsi que les autres grandes Planètes éteintes du Système, seraient les Satellites du Soleil.

Sous ce point de vue, on ne sçaurait nier que toute Planète qui a des Satellites, ne fut originairement un Soleil, que le laps des siècles, l'affaiblissement de sa force tangentielle, et l'hétérogénéité des substances qui la composent, ont conduite par degrés à s'éteindre.

Ainsi, dans des temps antérieurs, notre globe a été un Soleil, puisqu'il est encore le centre du mouvement de la Lune, son

Satellite, qui gravite autour de lui, a environ quatre-vingt dix mille lieues de distance.

Herschell a découvert deux Satellites à sa Planète : d'autres astronomes lui en donnent six : par conséquent cet astre, placé vers les dernières limites de notre empire Solaire, a pu être lui-même un foyer de feu et de lumière dans les temps primitifs.

On ne pourrait encore dégrader du titre d'ancien Soleil, ce Saturne, qui, non-seulement a cinq astres subalternes, dont il règle l'orbite, mais encore un anneau qui l'environne, comme un pont suspendu, à la distance de cinquante-quatre mille lieues.

Jupiter a aussi quatre Satellites, monument qui atteste le rang dominateur qu'il a occupé, et qu'il occupe encore, en qualité de demi-Soleil, dans les déserts de l'espace.

Quant aux trois autres Planètes, s'il est difficile à la physique de prouver l'existence de leurs Satellites, il l'est encore plus à la raison de la nier.

Les fastes de l'astronomie sont pleins de faits, qui semblent assurer une Lune à Vénus. Dès 1645, le mathématicien de Naples, Fontana, prétendit l'avoir découverte ; notre grand Cassini était si sûr de l'avoir vue en 1672, et sur-tout en 1686, qu'il n'hésita pas à fixer son diamètre au quart de celui de la Planète : un membre de la société royale de Londres, l'observa en 1740 : on alla en 1761, jusqu'à calculer ses tables : enfin, trois ans après, des académiciens de Berlin, ayant travaillé de nouveau à sa théorie, le grand Frédéric voulut donner à ce Satellite le nom de Dalembert, qui eut, dirai-je la sagesse, dirai je la prudence, de préférer, à l'immortalité un peu vague qu'un héros lui offrait dans le firmament, celle qu'il s'était assurée dans l'Encyclopédie.

Quant à Mars et à Mercure, on ne connait point de Lunes visibles qui fassent de révolutions autour d'eux : mais j'incline à croire que c'est moins la faute de la nature que celle de nos télescopes.

Observons que ces deux Planètes ne sont, l'une qu'un cinquième et l'autre un quinzième de notre globe : pour peu que leurs Satellites soient avec elles dans le même rapport que la Lune avec la Terre, et qu'ils n'ayent que le quarante-neuvième de leur volume, on sent assés qu'il est impossible, même aux instruments astronomiques d'Herschell, d'aller les atteindre dans les déserts du firmament.

Les sept Planètes de notre Système ayant donc toutes, d'après les loix de l'analogie, des corps célestes du second ordre, qui circulent autour de leurs globes, devenus le centre de leurs mouvements, on ne peut se refuser à l'idée philosophique, que toutes, dans l'origine, ont eu dans l'immensité de l'espace, le rang de Soleils.

La curiosité philosophique, la seule dont l'homme puisse s'honorer, désirerait maintenant sçavoir, par quels dégrés chaque corps céleste de notre Systéme a passé, pour descendre du rang dominateur de Soleil à l'état obscur de Planète : et si une telle table était dressée avec soin, il en résulterait quelque lumière, pour fixer l'antiquité des mondes qui gravitent autour de notre Soleil.

Buffon, dans ses recherches sur le refroidissement des globes Planétaires, a tenté de former une pareille table : mais comme il est parti de son idée romanesque, que notre Systéme devait son origine au choc oblique d'une Comète, comme il a heurté la saine physique, en ne supposant pas chaque Planète homogène et raréfiée par le feu élémentaire, son travail est un édifice aërien, que le moindre soufle de la raison fait disparaitre. En vain cherche-t-il à en cacher le néant sous un appareil scientifique de calculs : il est impossible de s'y méprendre, quand on reconnaît la faiblesse des bases. La précision même qu'il fait valoir, dans des évaluations essentiellement arbitraires, ne désigne que du charlatanisme. Quand j'entends l'historien de la nature, me dire gravement, du cabinet du Roi, où sa statue était érigée, qu'il y a 74852 ans que notre Système est né du choc d'une Comète, que le cinquième Satellite de Saturne s'est organisé, précisément 5161 ans après cette grande époque, ensuite la Lune et Mars, dont la première n'a paru s'ouvrir à la nature que l'an 7890, et l'autre l'an 15685 de la formation des Planètes, je crois voir Gulliver, qui calcule les dimensions des géants, que son imagination a créés dans Brobdingnag.

Il était souverainement téméraire au Pline Français, de faire dériver le commencement, la durée et la fin de la nature organisée, dans les mondes qui nous entourent, d'une simple théorie de refroidissement, fondée sur la raison inverse du diamètre de chaque Planète et de sa densité.

Les seuls résultats de l'hypothèse, qu'il avait fabriquée dans le silence de sa philosophie, suffisaient pour lui en montrer le néant. Comment supposer que des Satellites étaient nés, le jour même de la projection de la Planète qui les régit ? comment dresser une échelle de la nature organisée, dans dix sept mondes de notre Système, en la faisant commencer par un cinquième Satellite et en la faisant finir par Jupiter ?

Soyons justes, même en nous élevant au delà des idées vulgaires : nous n'avons point encore assés d'éléments, pour asseoir une théorie exacte des mondes de notre petit univers.

Et si jamais, dans les siècles qui naitront, à l'époque où Buffon veut que notre globe ne soit plus, des Newton tentent de résoudre ce grand problème, ils invoqueront une logique lumineuse, et des faits majeurs, qui n'auraient pas échappé à l'auteur illustre des époques, s'il avait quitté ses forges de Montbard, pour laisser planer son génie dans l'immensité du firmament.

En ce moment l'astronomie est assés avancée, pour se convaincre que les grandes Planètes de notre Système, ont été projettées sous la forme de Soleils, du sein de l'astre central, qui règle leurs orbites : mais la détermination des époques, soit de leur projection individuelle, soit de leur extinction graduée, jusqu'à l'enchainement absolu de leur force tangentielle, est au dessus de nos connaissances : c'est ici que la suprême sagesse est dans le scepticisme de Montagne.

Parcourons un moment des mondes connus par nos astronomes, pour nous assurer, que quand une intervalle immense nous sépare d'une figure colossale, contents d'en saisir la masse, nous ne devons point nous permettre d'en dessiner tous les détails.

Les tables astronomiques les plus estimées, ont évalué la densité de Mercure, comparée à celle de notre globe, dans le rapport de 25,463 , à 100,000 ; mais une considération philosophique fait soupçonner, dans ce calcul, beaucoup d'arbitraire. On sait que cette Planète, dans sa moyenne distance, n'est qu'à un peu plus de treize millions de lieues du Soleil : on a reconnu aussi que l'Ellipse, où elle se meut, la met dans son Périhélie, environ un tiers plus près de son astre central que dans son Aphélie : assurément si ce corps céleste, qui reçoit sept fois plus de rayons Solaires que notre globe, n'avait pas six ou sept fois plus de densité, toute espèce de fluide, qui ne tiendrait pas lui-même du feu élémentaire, s'y évaporerait à l'instant : de là, l'impossibilité de calculer avec précision l'époque, où la nature organisée a pu commencer sur sa surface. Au reste, cette densité même annonce que Mercure est un des Soleils les plus anciennement éteints de notre Système : car la force centrale y a totalement

enchaîné la force tangentielle : il ne projette plus rien hors de son disque, et il ne
semble tenir à notre univers que par le lien
de la gravité.

Cette singulière densité d'une Planète,
qui, par son voisinage du Soleil, devait conserver plus long-temps son feu-principe,
me ferait croire qu'elle a été organisée la
première du Système ; peut-être doit-elle sa
naissance à la première rotation de notre
astre central sur son axe : c'était le premier
essai de sa force tangentielle, et il n'avait
pas encore eu le temps de rassembler dans
son sein de grandes masses hétérogènes :
cette théorie explique, sans effort, pourquoi Mercure n'est que le quinzième de
la terre, et pourquoi l'ellipse, qu'il décrit,
n'est qu'à treize millions de lieues du Soleil.

Les siècles amoncelèrent les masses hétérogènes dans l'intérieur de notre astre
principe, et il est probable que sa force
expansive se déploya alors, tantôt en raison

des masses, tantôt en raison des distances.

Je ne doute pas qu'un des premiers corps célestes, projettés dans l'espace, n'ait été cette énorme Planète de Saturne, qui, dans son état actuel de dégradation, sans ses Satellites et son Anneau, est encore neuf cents quatre-vingt quinze fois plus grosse que notre globe, et qui obéit à la gravitation du Soleil, quoique, dans sa moyenne distance, elle en soit à plus de trois cents trente millions de lieues. Il est vrai que sa densité, relativement à nous, n'est que dans le rapport de 10,450 à 100,000; mais tout porte en elle le caractère d'un astre éteint depuis long temps; et d'après ce fait bien constaté, l'induction en faveur de la nouveauté de son origine, que ferait naître son état de raréfaction, doit céder à l'induction contraire, tirée de la puissance de sa masse et de la grandeur de sa distance.

D'après le même principe, un des premiers Soleils secondaires lancés dans l'aire de notre Systéme, est probablement celui d'Herschell, qui n'est, il est vrai, que quatre-vingt huit fois plus gros que la Terre, mais qui rachete ce défaut de masse par sa prodigieuse distance, puisqu'il décrit son orbe, à plus de six cents trente-six millions de lieues de l'astre dont il émane : au reste, s'il est difficile d'affirmer une pareille généalogie, il l'est encore plus de la contester; car la nouveauté de la découverte de cette Planète, empêche qu'on ait rassemblé quelque lumière sur sa densité.

Vénus ne diffère de la Terre que d'un neuvième pour la grosseur, et il n'y a qu'un rapport d'un peu plus de 127 à 100 pour leur densité; ainsi tout porterait à croire que leur projection a été simultanée; mais la différence d'inclinaison de leurs orbites, contredit essentiellement ce rapport d'origine : d'ailleurs notre globe a été lancé, à près de dix millions de lieues plus loin que Vénus, et je crois, qu'à tous égards, cette dernière Planète doit nous céder le privilège de l'antériorité.

Mercure, Saturne, Herschell, la Terre et Vénus sont des astres éteints, depuis des myriades de siècles : il n'en est pas de même de Mars et de Jupiter, que le phénomène de leurs taches et de leurs bandes mobiles nous a fait placer dans la classe des demi-Soleils : état de conflagration qui décèle la nouveauté de leur origine.

Jupiter, la plus puissante masse de notre Système Planétaire, puisqu'il a plus de douze cents quatre-vingt fois la grosseur de notre globe, et qui roule infiniment plus avant dans les profondeurs de l'Espace, puisque son orbe, dans sa moyenne distance, est à plus de cent quatre-vingt millions de lieues du Soleil, a dû être lancé dans le firmament plusieurs millions de siècles avant Mars, qui n'a qu'un cinquième de la Terre, et qui ne écrit son Ellipse qu'à dix-huit millions de lieues au de-là du nôtre : on sent assés que le premier de ces Soleils, exigeant infiniment plus d'énergie dans la force tangentielle qui l'a projetté, doit dater, d'une époque infiniment plus éloignée, son origine.

On voit que dans la solution de cette grande question de Cosmogonie, j'ai dû d'abord me décider, par les apparences qui distinguent un Soleil éteint d'un demi Soleil, et ensuite par la combinaison différente des phénomènes de masse, de distance et de densité; mais je suis loin de présenter mes résultats en ce genre, comme de nouveaux faits en astronomie; il sera toujours permis à l'homme éclairé d'appeller de ce jugement au tribunal de la nature.

Dans de pareilles questions individuelles, où nous manquons d'élémens, il est bien plus aisé de détruire les hypothèses anciennes, que d'en bâtir de raisonnables : tout ce que l'homme sage alors doit se permettre, c'est de poser des principes qui soient de nature à se concilier avec l'explication, soit des phénomènes qu'on voit, soit de ceux qu'on pressent; tels sont ceux-ci : que notre Système a été originairement tout entier dans notre astre central : que nos Planètes, maintenant éteintes, ont paru d'abord dans l'espace sous la forme de Soleils, et qu'elles ont toutes été projettées, à diverses époques, incalculables pour notre faible chronologie.

Une seule considération des détracteurs de ce Système, (s'il en trouve), doit être prévenue; en supposant des intervalles incalculables entre la projection de chacune de nos grandes Planètes, il semblerait, contre nos principes, qu'on laisse reposer pendant des myriades de siècles, la force tangentielle du Soleil : mais cette contradiction n'est qu'apparente; dans les intervalles de l'organisation de notre Système Planétaire connu, l'astre central, comme nous l'avons vû, lança: dans l'espace, depuis le voisinage de son disque jusqu'aux limites de son univers, sept cents mille Planètes, et dix-sept millions de Comètes.

Nos sept Planètes connues du premier ordre une fois projettées, voyons comment s'organisèrent celles du second ordre, que nous désignons sous le nom de Satellites.

Puisque le Soleil-principe a donné naissance à tous ces Soleils épars dans le firmament, qui régissent les Systêmes, il est évident que ces derniers ont produit à leur tour leurs Satellites sous la forme de Soleils : la loi est la même pour toutes les générations célestes, et elle ne diffère, dans chaque hyérarchie, que par les dévelop. pemens.

C'est ainsi que le Soleil-principe, tant qu'il a été homogène, n'a pas eu occasion de déployer sa force tangentielle : alors il n'a eu qu'un empire solitaire dans l'espace; et cet empire, il a pu en jouir, (pour me servir

servir de la grammaire populaire), une partie de l'éternité.

A la première formation des masses hétérogènes dans le sein de l'astre central, les Soleils à Système, ainsi que nous l'avons vû, ont été projettés : mais ces premiers Soleils qui tenaient encore beaucoup de la nature de l'astre-principe, ont pu être des myriades de siècles avant de faire éclore leurs Planètes.

Il n'en est pas de même de ces derniers corps célestes ; comme le feu principe allait toujours en se dégradant de génération en génération, à mesure qu'il s'éloignait de sa source, il me semble que pour que leur force expansive eut encore quelqu'effet, il fallait qu'ils la déployassent à une époque voisine de leur organisation ; ainsi notre Lune a dû être à peu près contemporaine de la Terre, et Saturne avoir à peine achevé sa longue révolution autour de notre astre dominateur, lorsqu'il lança, à cinquante-cinq mille lieues de lui, son Anneau.

De cette considération, dérive le terme de l'organisation des Soleils : la force expansive de l'astre-principe, au bout de trois générations, a dû perdre la plus grande partie de son ressort; et si elle a projetté encore quelques masses, ce sont tout au plus des scories infiniment hétérogènes, où le feu-principe se trouvait enchaîné par la force centrale : ainsi lorsque notre Lune a paru dans notre Système, c'était un Soleil déjà prêt à s'éteindre et incapable par là d'organiser de nouvelles Planètes.

Notre Lune est, après le globe que nous habitons, le corps céleste que nous sommes le plus à portée de connaître: nos astronomes ont épuisé sur elle leurs calculs, nous sçavons qu'elle n'est éloignée de nous, dans sa moyenne distance, que de 84515 lieues : on nous a prouvé qu'elle décrit, dans son moyen mouvement, juste, 187,961 pieds par minute : on veut même que sa lumière soit précisément trois cents mille fois moindre que celle du Soleil : enfin on croit avoir dressé une carte si exacte de sa surface, qu'un objet de la grandeur de Paris, pourrait s'y distinguer, ainsi qu'on le lit dans les mémoires de la plus véridique des académies.

Or, au rapport de tous les sçavants qui ont voyagé dans cette Planète, elle porte tous les caractères de l'extinction la plus absolue : la nature animale ou végétale ne sçaurait s'y organiser; le calme dont elle jouit, est le calme de la mort : si elle conserve quelque chose de son ancien état de conflagration, ce sont ses volcans, qui, suivant Dominique Cassini, ont jusqu'à trois lieues de hauteur : volcans qui, sans doute, auraient eu dans les âges primitifs une violence, dont nos Vésuve et nos Etna en fureur ne nous donneraient qu'une bien faible idée, s'il était vrai, comme l'assure le sçavant Dom Ulloa, que dans une éclipse du 24 Juin 1778, le disque Lunaire lui parut assés entrouvert, pour voir au travers la lumière du Soleil.

Il est hors de doute que, si la Terre avait projetté sa Lune un grand nombre de siècles après sa propre organisation, la mort ne serait pas empreinte sur la surface de ce Satellite, tandis que l'astre qui l'a engendré jouit encore, quant aux bienfaits de la nature, d'une vie eminemment active : ce phénomène de la Lune, éteinte depuis longtemps, démontre assés heureusement notre théorie, tandis qu'il est l'écueil de toute autre hypothèse.

Nous avons peu de lumières sur les deux Satellites d'Herschell, qui n'ont été découverts que le onze Janvier 1787. Tout ce que nous a appris l'astronome qui les a tirés de l'oubli de tant de siècles, c'est que le plus proche fait sa révolution en huit jours et dix huit heures, et le plus éloigné en treize jours et demi, tous deux dans

des orbites très inclinées à l'Écliptique :
mais quand on observe que la Planète-mère
a dû être projettée une des premières dans
l'espace, que son feu, s'il pouvait exister encore, serait bien faible, puisqu'elle n'a qu'une
masse de 12760 lieues, ou même de 9460
de diamètre, et que son éloignement a
636 millions de lieues du Soleil l'empêche
d'être fécondée par ses feux, on ne peut
se refuser à l'idée que l'extinction des deux
Lunes d'Herchell est encore plus absolue
que celle de la nôtre : il y a des milliers
de siècles que la Planète elle-même ne produit plus rien d'animé ; il y en a des millions que la nature vivante est anéantie
dans ses Satellites.

On peut partir du même principe, mais
en le modifiant d'après la théorie qui va
suivre, pour expliquer l'extinction des cinq
Lunes de Saturne et de son Anneau.

Saturne était, au temps de sa projection,
un Soleil fait pour avoir une grande in-

fluence dans notre Système, puisque tout éteint qu'il est aujourd'hui, il présente encore à la gravitation, une masse imposante de 28601 lieues de diamètre. Plusieurs causes ont contribué à sa fécondité : l'antériorité de son organisation qui annonce combien il était imprégné de feux générateurs, l'énormité de son volume, dont dépend la conservation longtemps prolongée de son incendie primitif, et peut-être la rapidité de sa rotation sur son axe, qui a augmenté les effets de sa force centrifuge : tous ces phénomènes réunis ne se trouvent dans aucune autre Planète connue : aussi il n'en est point qui offre une plus grande surabondance de principes générateurs dans la fécondation de ses Satellites.

Saturne, au premier age où il jouissait d'une lumière propre, projetta de son sein cinq astres, dont le plus petit égalait notre Lune et le plus grand surpassait notre globe en diamètre : on croit, d'après un calcul plus ingénieux peut-être que fidéle, que l'un alla circuler à soixante sept mille lieues, l'autre à quatre-vingt-cinq, le troisiéme à cent vingt, le quatriéme à deux cents soixante et dix huit, et le dernier à huit cents huit milles lieues de la Planète génératrice : mais cette fécondité n'est rien, si on la compare aux merveilles de celle de son Anneau.

L'Anneau de Saturne, concentrique à la Planète, est une Zône continue en apparence, qui, comme un pont suspendu, l environne à cinquante cinq mille lieues de son disque : ce n'est que par une méthode d'approximation qu'on a pu juger de l'épaisseur de cette Zône ; Buffon qui voyait tout en grand, parce qu'il ne voyait que par le microscope de son imagination, l évaluait à cent lieues ; le sçavant Lalande plus timide et parconséquent plus sûr, veut que, sous un point de vue, elle en ait quarante-cinq, et sous un autre, seulement trois : mais à quelque calcul qu'on s'arrête, il est difficile de ne pas supposer à cet Anneau, qui a plus de quatre cent mille lieues de circonférence, vingt fois plus de volume qu'à notre globe, qui comme l'on sçait, a 12,365,103,160 lieues cubiques de solidité.

Il n'est pas dans la nature de la projection ordinaire des corps célestes, qu'un pont Planétaire, de quatre cents mille lieues de circonférence, entoure d'une manière continue l'astre qui l'a fait naître : ce serait une exception à la théorie des forces centrales et tangentielles, et on ne doit pas s'attendre à la trouver dans un des Systèmes les plus subalternes du firmament.

Le nœud gordien se dénoue, quand on emprunte le télescope de Jacques Cassini, et du laborieux Messier, l'infatigable scrutateur des Comètes : tous les deux ont observé une foule de points lumineux dans l'Anneau de Saturne, qui leur donne l'apparence d'étoiles de la septième grandeur, et le premier en conclut que la Zône entière n'est qu'un amas de Satellites, disposés sur un même plan, et trop voisins les uns des autres, pour que les meilleurs instruments fassent découvrir l'intervalle qui les sépare.

Oui, le pont suspendu de Saturne n'est qu'un amas de Planètes, comme la blancheur continue des Voyes Lactées n'est qu'un amas de Soleils avec leurs Systêmes. On ne sçaurait évaluer, même d'une manière conjecturale, le nombre de ces nouveaux Satellites, parce que leurs masses, ainsi que leur intervale chappent au calcul : mais en ne donnant à la plus volumineuse que le diamètre de notre Lune, et en partant de l'hypothèse que la Zône a neuf mille lieues de large, trente mille de tranche, et quatre cents mille de tour, il n'y a que de la circonspection à supposer que Saturne, quand il projetta son Anneau, y organisa au moins dix mille Soleils.

Cette théorie démontre, quel énorme

foyer de feu-principe renfermait Saturne, quand il jouissait des privilèges Solaires, et combien il y a de justesse dans notre conjecture primitive, qui datte son organisation des premiers ages de notre Système.

Mais plus la Planète-mère remonte par son origine, au berceau de la nature, plus les Planètes subalternes dégradées par le laps des siècles, ont eu le temps de s'éteindre.

Des cinq Satellites ordinaires de Saturne, les premiers étant les plus petits, n'ont pu conserver long-temps un feu-principe, dont la nature est de prolonger son action en raison des masses : quand aux autres plus volumineux, leur distance des astres qui pouvaient alimenter leur foyer, accélérait leur extinction ; en vain le cinquième Satellite serait-il censé plus gros que notre globe, comment sa force tangentielle, déjà dégradée par plusieurs transmissions, se serait elle conservée long temps à huit cents huit mille lieues de Saturne, qui en compte lui même au moins trois cents trente millions, entre son disque et celui du Soleil.

Et de cette considération sur les Satellites de Saturne, résulte une nouvelle preuve de la justesse de la théorie qui fait organiser les mondes de cette Planète, à une époque infiniment plus reculée que ceux de Jupiter : car quoique ce dernier corps céleste ait près de treize cents fois la grosseur de notre globe, tandis que le nombre de 995 caractérise la supériorité de l'autre, il est bien évident qu'il n'a jamais possédé la moitié de sa force tangentielle. Jupiter n'a point projetté d'Anneau de dix mille Planètes ; la distance de son dernier Satellite n'est pas de quatre cents mille lieues, tandis que Saturne a lancé le dernier des siens à huit cents huit mille lieues de sa surface.

Oui, Jupiter est un des derniers Soleils sortis de l'astre générateur de notre Système. Le phénomène toujours subsistant de ses taches mobiles le démontre assés, et il faut que cette nouveauté d'extraction soit bien frappante, puisque le célèbre auteur des époques est parvenu par un chemin contraire à celui que je viens de frayer, à en calculer les effets ; il avoue que la nature organisée, telle que nous la connaissons sur notre Planète, n'est point encore née dans Jupiter : il est vrai qu'il a gâté ce beau résultat, en consultant ses forges de Montbard, plutôt que le ciel des Cassini ; ce qui l'a conduit à prédire que l'astre qui nous occupe, ne jouira de notre heureuse température, que précisément à l'an 240,451 de l'organisation des Planètes.

Jupiter est donc, dans notre Système, un demi Soleil, dont la force tangentielle est bornée à la projection de quelques masses presqu'éteintes ; et qui n'a d'influence, par les restes de sa chaleur propre, que sur ses Satellites.

Cette influence est telle que, quoique les Satellites de Jupiter ayent été organisés à un faible intervalle de la Planète-mère, il y a grande apparence qu'un feu interne les dévore encore, de manière à reculer d'un grand nombre de siècles, le règne de la nature vivante sur leur surface.

Il y a beaucoup d'incertitude entre les astronomes sur la grandeur réelle des Satellites de Jupiter ; tout ce qu'on peut assurer, en partant du calcul des probabilités, c'est que le plus petit peut avoir le diamètre de notre Lune, et le plus grand celui de notre globe : on a des lumières un peu plus sûres sur leur distance de l'astre qui les a fait naître : ainsi, en adoptant même des nombres ronds, il n'y aurait point d'erreur sensible à placer le premier Satellite à quatre-vingt-neuf mille lieues, le second à cent quarante mille, le troisième à deux cents vingt-trois mille, et le dernier à trois cents quatre vingt quatorze mille de la surface de Jupiter.

Or ces Satellites ont une raison indépendante de leur propre énergie et de l'influence Solaire, pour maintenir plus long temps le ressort de leur force tangentielle : je veux parler de la compensation qui se fait à la perte graduée de leur chaleur, par l'émission perpétuelle des feux de Jupiter.

Le premier Satellite, à sa distance de quatre-vingt neuf mille lieues, voit la surface de Jupiter trente-neuf mille fois plus grande que celle de notre Soleil : on peut juger par là de l'effet prodigieux que fait sur lui un astre embrasé d'un pareil volume : on trouve, par le calcul, que cette chaleur a dû, en tout temps, être supérieure, même à la chaleur propre du Satellite.

Cette influence a diminué, sans-doute, à l'égard des trois autres Satellites, en raison de leur distance. En effet Jupiter, à cent quarante mille lieues de son second Satellite, ne lui présente plus qu'une surface environ quinze mille fois plus grande que celle de notre Soleil : un éloignement de deux cents vingt trois mille lieues, réduit pour le troisième cette surface à un peu plus de six mille, et à peine Jupiter parait-il dix-neuf cents fois plus grand que notre astre central à son quatrième Satellite, projetté, comme nous l'avons vu, dans l'origine, à trois cents quatre-vingt quatorze mille lieues de son Équateur.

Mais à quelque résultat qu'entraine cette table graduée d'affaiblissement, il est évident qu'il reste encore au dernier terme, une émission assés grande de feux, de la part de la Planète principale, pour influer sur l'état des Planètes subalternes : je suppose que Jupiter, n'étant qu'un demi-Soleil, n'envoye que la moitié des rayons qu'enverrait notre astre central, s'ils présentaient tous deux le même disque, il s'ensuivra toujours que le Satellite le plus éloigné, voyant la surface de la Planète, qui régit son orbite, dix-neuf cent fois plus grande que celle de notre Soleil, en recevra neuf cents cinquante fois plus de chaleur, ce qui retarde singulièrement le période où il est condamné par la nature à s'éteindre.

Au reste, je trouve, dans les annales mêmes de notre astronomie, la preuve de ce principe, en apparence si paradoxal, que les Satellites de Jupiter sont encore des demi Soleils, comme leur Planète principale. Maraldi, un des rivaux de Dominique Cassini, dans ses sçavants voyages au firmament, vit, en 1707, sur le disque du quatrième, c'est à dire, de celui qui circule à 594,000 lieues, une tache assés grosse pour l'éclipser tout entier : assurément un effet aussi considérable de la force tangentielle, est bien fait pour empêcher de confondre l'astre qui la déploye, avec notre Lune froide et inerte, qui n'a pas même la force de projetter quelques montagnes.

Telle est la théorie la plus vraisemblable des Satellites connus de notre Système : puisque ceux de Jupiter, dont la force expansive

pansive a encore tant d'énergie, n'ont jamais pu projetter que des taches, on peut adopter notre conclusion hardie, que dans la filiation des astres, le pouvoir producteur s'arrête à la troisième génération ; et si jamais la postérité est obligée de rectifier mon hypothèse, elle me pardonnera sans-doute une erreur légère, en faveur du courage que j'ai montré à chercher le premier les élémens d'une pareille généalogie.

On voit que, dans cette théorie, j'ai tiré un grand parti de cette force tangentielle que Newton, tout fait qu'il était à ne laisser aucune découverte dans le ciel à tenter à ses successeurs, a mieux aimer supposer vaguement que soumettre à ses calculs. Mais si jamais cette force s'est manifestée par de grands effets, c'est dans le développement des Systèmes Solaires : la gravitation jusquici semble avoir ouvert toutes les portes du firmament, mais de l'aveu de tous les astronomes, la gravitation ne rendraison ni de la rotation des Planètes sur leur propre centre, ni de la détermination de leurs orbites : il faut donc, quand on ne veut pas dénouer ce grand drame avec des dieux-machines, recourir à la force de projectile, sur-tout quand les loix qu'elle fait naitre conduisent à l'explication de tous les phénomènes.

Terminons cette partie de notre Cosmogonie, par l'examen raisonné des Comètes à Ellipse Parabolique de notre Système.

Nous avons vu qu'il devait exister dans notre petit univers, près de trois fois plus de Comètes à Ellipse que de Planètes, et c'est une suite naturelle de l'indifférence de ces premiers astres à se mouvoir dans un sens plutôt que dans un autre : les calculs astronomiques ne laissent, à cet égard, aucun doute : un magistrat géomètre, le vertueux du *Séjour*, a analysé soixante-trois Comètes pour chercher la solution de ce problème, et son résultat a toujours été

qu'aucune cause connue ne déterminait
ces corps célestes à une direction particulière dans leur Ellipse ; ce point est donc
démontré, autant qu'une théorie sçavante
démoutre ce qui ne sort pas de l'enceinte des probabilités : et par contre coup
cette démonstration justifie l'idée digne de
la magnificence de la nature, que si sept
cents mille Planètes étaient originairement
renfermées dans notre Soleil, il a pu sortir
aussi de son foyer générateur dix-sept millions de Comètes.

Ces Comètes à Ellipse, les seules que l'astronomie Chaldéenne, Indienne et Grecque
ait été à portée de connaître, ont été regar-
dées, avec raison, par les philosophes de
l'antiquité, comme un ordre particulier
de Planètes : il est curieux d'entendre à
cet égard Apollonius de Mynde, parlant par
l'organe de l'instituteur de Néron, le plus
éloquent de ses interprètes.

« Les Comètes ne sont point un assem.

« blage d'étoiles errantes, mais des astres
« particuliers comme la Lune : leur forme
« n'est point bornée à une surface orbicu-
« laire, mais élevée avec un prolongement
« plus saillant : elles parcourent la plus
« haute région de l'Ether, et elles ne sont
« apparentes à nos yeux, que lorsqu'elles
« sont parvenues à l'extrémité de leurs
« orbites.

« Les Comètes varient, non seulement
« en grandeur, mais encore en couleur :
« les unes brillent de l'éclat le plus pur :
« les autres semblent imprégnées d'un feu
« grossier, qu'environne une atmosphère de
« vapeurs fuligineuses...

« Mais, nous dira-t-on, si les Comètes
« étaient des Planètes, elles seraient dans le
« Zodiaque. Eh! quel homme ose ainsi as-
« signer aux astres une seule route !.....
« Pourquoi y aurait-il quelque partie du fir-
« mament qui leur resterait inaccessible !
« au reste, en supposant même qu'il n'y a

« de vrayes Planètes que celles qui touchent
« le Zodiaque, les Comètes ne peuvent-
« elles pas décrire un orbe assés étendu pour
« y coïncider en quelque point ? ce résul-
« tat n'est pas nécessaire, mais il est
« possible.....

« Ce serait un bien faible raisonnement
« que de jetter des doutes sur la vraye na-
« ture des Comètes, parce qu'elles se mon-
« trent rarement, et que la plus grande
« partie de leurs révolutions est invisible à
« nos regards ; combien ne peut on pas
« soupçonner d'autres corps célestes qui
« roulent en secret dans les cieux, et ne se
« manifestent jamais à notre globe ! en effet
« l'Etre-Suprême n'a pas tout fait pour
« l'homme ; quelle partie voyons nous d'un
« si grand ouvrage ? l'architecte éternel
« qui préside au jeu de cette immense ma-
« chine, et qui est lui-même la plus grande
« et la plus belle partie de son ouvrage,
« dieu se dérobe à nos regards, et nous ne

« pouvons le saisir que par l'intermède de
« la pensée. »

Quelque long que paraisse ce texte, dans un tableau aussi rapproché que celui que présente ma Cosmogonie, je n'ai pu me refuser au plaisir de le transcrire, parce qu'il offre le germe de toutes les grandes découvertes, faites seize cents ans après, par les Hévelius, les Halley et les Newton.

Je ne vois que l'effroyable multitude de ces corps célestes, qui ne soit pas désignée par le brillant interprète d'Apollonius; Kepler seul semble l'avoir pressentie au renouvellement de notre astronomie : il est le premier qui ait osé dire que le ciel devait être peuplé de Comètes, comme l'Océan de poissons; encore gâta t il cette grande idée en prenant ces astres pour les monstres du firmament.

Descartes aurait mieux fait de commenter Sénèque et Apollonius, que de faire de nos Comètes Solaires, des astres éteints, qui, n'ayant pu conserver leurs tourbillons, vont errer de corps célestes en corps célestes : d'abord parce qu'il n'y a point de tourbillons, ensuite parce que cet ordre de Planètes a une marche régulière autour du Soleil, placé au foyer de leurs orbites : enfin parce que, si des astres peuvent se permetre une marche, en apparence vagabonde dans l'espace, ce sont les Comètes à Hyperbole des déserts et non les Comètes à Ellipse des Systèmes.

Les Comètes des Systèmes sont vraiment des Planètes d'un ordre particulier, que leur peu de masse a pu faire projetter par la force tangentielle du Soleil, à une plus grande distance, et qui, dans l'orbe prodigieusement excentrique qu'elles sont forcées de décrire, s'éloignent plus ou moins de cet astre générateur, placé non au centre mais à un des foyers de leur Ellipse.

Les Comètes des Systèmes étaient originairement des astres lumineux par eux mêmes, comme les Soleils dont ils émanaient; et il est tout simple qu'ils ayent conservé plus longtemps leur nature Solaire, que les Planètes proprement dites, à cause de la rapidité de leur course et de leur peu de tendance à la densité, deux phénomènes constatés par les découvertes de nos astronomes.

Nous sçavons, par l'Almageste de Riccioli, que la Comète de 1472 faisait en un jour cent vingt dégrés dans le ciel; le sçavant du Séjour veut qu'une de celles qui parut en 1770, marchât avec une rapidité de plus de trente-neuf mille pieds par seconde: la vitesse de celle de 1743, calculée avec soin, s'est trouvée de quinze cents cinquante mille lieues en vingt-quatre heures dans son Périhélie, tandis qu'elle n'était que de trois mille dans son Aphélie.

Quant au peu de densité des quatre-vingt-dix neuf centièmes des Comètes, elle n'est point un problême; pour ne citer que les

ROCHER VOLCANIQUE DE SAINT-MICHEL.
Au Puy en Velay.

plus connues, celle de 1680 qui a fait écrire
tant de livres en Europe, s'est trouvée,
suivant le professeur Winthrop, sept fois
plus rare que notre globe; et c'est un des
grands bienfaits de la nature, que des corps
célestes, destinés à s'approcher des mondes,
n'influent que faiblement par leur masse
sur leur destinée : on peut en juger, non
par la Comète de 1771, qu'on cite quelquefois comme une des plus voisines de
nous, quoique dans sa plus grande proximité elle n'ait été vue qu'à une distance
huit fois moindre que le Soleil, mais par
celle de 1770, qui a passé à sept cent cinquante mille lieues de la terre, c'est-à-dire,
douze fois plus près que Vénus. Si la masse
de cet astre avait été égale à celle de Vénus,
son action sur notre globe aurait été cent
quarante quatre fois plus forte que celle de
la Planète; ce qui aurait pu altérer sensiblement les élémens de notre orbite : et cependant la Comète perturbatrice ne nous a

causé aucun dérangement. Les conséquen‑
ces sur la destinée de notre globe seraient
bien plus terribles encore, dans l'hypothèse
où on admettrait, dans son voisinage, des
Comètes, qui joindraient au volume énorme
de celle de 1680 la densité de celle de 1665,
jugée trois fois et demi plus grande que la
notre : par exemple, si on donnait une in‑
fluence étonnante, soit de volume, soit de
masse à la Comète de 1533, qui, dans un
point de son orbite, n'a été séparée de la
terre que par un intervalle de trois cents
mille lieues, ou plutôt à celle de 1454, la
plus voisine de toutes celles qui ont été
connues par nos astronomes, puisqu'elle
a passé entre la Lune et notre globe ; il
semble évident que de pareils corps célestes,
par la force de leurs gravitation, pourraient
enlever la terre à l'empire immédiat du
Soleil, et la transporter avec eux, comme un
humble Satellite, aux frontières de notre
Système.

Une seule observation serait de nature à diminuer notre terreur, sur une catastrophe du globe faite pour anéantir la race humaine; c'est que ce globe, parcourant six cents mille lieues par jour dans son orbite, ne sçauroit, en réunissant les circonstances les plus favorables, être exposée tout au plus que deux heures trente-deux minutes et deux secondes, à l'action d'une Comète perturbatrice : intervalle qui ne suffirait pas, pour nous faire perdre le rang de Planète du premier ordre, et nous enlever à l'influence immédiate du Soleil.

Les Comètes sont donc, en général, par leur nature, infiniment moins denses que les Planètes ordinaires, et parconséquent bien moins promptes à s'éteindre : cependant elles s'éteignent à la longue, comme on le pressent par celle de 1665, que nous venons de voir trois fois et demi plus opaque que notre globe : cette opacité, en désignant sa décrépitude, annonce qu'elle a été lancée une des premières par notre Soleil dans les plaines de l'espace.

On pourrait peut être rendre raison de ce peu de densité des Comètes à Système, en observant que la vélocité de leur course et la forte pression de tant de masses célestes, dont elles s'approchent dans leur Ellipse excentrique, contribuent à maintenir, dans son énergie, le feu-principe dont elles sont impregnées, et de cette théorie heureuse, naitra bientôt la solution d'un problème très délicat sur la conservation des Soleils.

Qui sçait même, si cette rapidité de la marche des Comètes, et cette force de projectile, qu'elles déployent en raison de leur peu de densité, ne suffiraient pas pour expliquer leur indifférence à se mouvoir dans une direction plutôt que dans une autre : s'il était vrai comme l'a pensé l'illustre Daniel Bernoulli, que c'est à l'atmosphère immense du Soleil, que presque toutes nos

Planètes connues doivent de se mouvoir dans le même plan, on conçoit aisément comment les Comètes, plus légères, moins à portée d'être détournées de leur route par la gravitation des corps environnans, ont pû échapper à cette action de l'atmosphère Solaire. Pour rendre cette théorie plus sensible au vulgaire des penseurs, admettons deux faits, dont l'un découle des loix générales de la nature, et l'autre trouvera sa preuve dans les derniers développemens de notre Cosmogonie : c'est que le Soleil, également impregné dans son foyer de feu-principe, déploye en tout sens sa force tangentielle, et que cet astre générateur est enveloppé d'une atmosphère, qui, d'après le phénomène de l'Aurore Boréale, a au moins trente-quatre millions de lieues de rayon : or, d'après cette double considération, l'hyeroglyphe astronomique se dévoile ; quand nos Planètes connues furent projettées, le Soleil qui roulait sur son axe accompagné de son atmosphére, frappa de ce lévier les corps célestes qu'il venait d'organiser, et les obligea de se ranger à peu près dans le plan de son Équateur : mais les Comètes plus légères, plus expansives, décrivant une courbe infiniment plus allongée, durent échapper à l'action de ce lévier : à ne juger de cette vélocité primitive que par celle de 1743, qui faisait près de soixante-cinq mille lieues par heure dans son Périhélie, on juge aisément que l'atmosphère Solaire ne pouvait atteindre les Comètes primitives, et qu'au lieu de circonscrire leur mouvement dans une Zône étroite du ciel, comme nos Planètes connues, elle devait les laisser libres de suivre en tout sens leur impulsion, jusques vers les frontières du Systéme.

Une pareille tendance des Comètes Elliptiques à conserver et leur mouvement principe et leurs feux générateurs, semblerait annuller en elles la force centrale : de là il suit qu'il n'a dû se former que prodigieusement tard, dans leur foyer, des masses hétérogènes destinées à être projettées autour d'elles dans le firmament ; et comme, à l'époque d'une pareille formation, la vieillesse de l'astre diminuait le ressort de sa force tangentielle, il en résulte que ces corps célestes, à la différence des Planètes ordinaires, n'ont jamais dû avoir de Satellites.

Cette théorie s'accorde parfaitement avec les observations astronomiques : parmi les 70 Comètes, calculées depuis un siècle, on n'en a pas rencontré une seule qui entraînât des Comètes subalternes dans son orbite : aucune n'a même manifesté assés de force expansive pour projetter des taches.

L'unique effet de force tangentielle que pourrait indiquer un tel ordre de corps célestes, c'est la projection de cet Océan intarissable de fluide igné, qui leur sert de queue, de chevelure ou d'atmosphère; nous sçavons par Dunn, un physicien de Londres, que la Comète de 1769, qui n'avait que la grosseur de la Lune, était entourée d'une atmosphère qui avait plus de 1666 lieues de rayon, et qu'elle traînait après elle une queue lumineuse qui en avait dix millions. Un astronome qui a écrit un volume in-8°. sur la Comète de 1743, a prouvé que, quoique le corps même de l'astre n'eût pas trois mille lieues de diamètre, son atmosphère, au commencement de Janvier 1744, en avait cent quatre-vingt mille, et que six semaines après, la longueur de sa queue s'étendait à vingt millions.

Le peu de densité des Comètes Elliptiques, en les empêchant de déranger les astres de leurs Systèmes, les expose elles-mêmes singulièrement à leur influence : on sent, par exemple, combien un petit globe de deux à trois mille lieues de diamètre, et d'une matière infiniment rare, comme la Comète de 1743, doit souffrir de l'approche d'une

Planète

Planète comme Saturne, joignant à un diamètre de vingt-huit mille six cents lieues, peut-être dix fois plus de densité. La première Comète de 1770, offre un exemple terrible des révolutions, qu'un corps céleste de ce genre peut subir, par le voisinage d'un astre perturbateur; les meilleurs astronomes de l'Europe, les Pingré, les Messier, les Lexell et les Prosperin, à la vue d'une partie de l'orbite Elliptique qu'elle parcourut autour du Soleil, calculèrent ses élémens, et se réunirent à fixer sa révolution entière à cinq ans et demi : or elle n'a point été vue en 1775, et en 1779, ni aux autres époques postérieures où on pouvait l'attendre; phénomène d'autant plus extraordinaire, que, toujours à portée de nous, elle ne s'éloigne jamais plus loin que Jupiter, et qu'elle s'approche de nous quarante fois plus que Vénus. Assurément il ne faut pas en accuser la théorie sublime des Kepler et des Newton, à laquelle nous devons, de connaître les élémens de 70 Comètes : le problème ne s'explique que par la perturbation d'une Planète à grande masse, comme l'a démontré le sçavant Lexell, l'élève d'Euler et son rival : il est vérifié, par exemple, que le 23 août 1779, cette Comète de 1770 a dû se trouver assés voisine de Jupiter, pour que l'action de cette Planète sur elle l'emportât deux cents vingt-quatre fois sur celle du Soleil; il est bien évident qu'avec une telle supériorité de gravitation, Jupiter a dû se rendre maître de la Comète, de manière à dénaturer la courbe qu'elle décrit, ou peut-être à lui donner l'apparence d'un nouvel astre, projetté à cette époque dans le firmament.

Si, comme l'indique cette singulière Comète de 1770, il en est, dont la révolution autour de notre astre central, peut être bornée à cinq ans et demi, on pourrait la regarder comme le dernier terme d'une échelle connue, dont le premier serait la fameuse Comète de 1680, qui en compte cinq cents soixante et quinze dans sa période.

Mais combien de révolutions intermédiaires, la population des mondes ne nous authorise t elle pas à admettre, entre une orbite de moins de six ans, et une autre de cinq cents soixante et quinze ? car rien ne se fait par saut dans les générations célestes : tout s'y nuance comme les couleurs, dans les beaux tableaux du Corrège et de Rubens, si cependant il y a quelque point de contact entre nos chefs d'œuvres de l'art, fragiles comme nous, et les plus faibles des productions immortelles de la nature.

La gradation naturelle entre les deux Comètes de 1770 et de 1680, conduit d'abord à justifier nos anciennes spéculations sur la prodigieuse quantité de ces corps célestes, qu'admet l'étendue des Systèmes Solaires : mais il est inutile d'accumuler de nouvelles preuves d'un fait sans lequel il n'y aurait point d'astronomie.

Il en résulte encore que, vû les différents effets de la force tangentielle, manifestée dans la projection de cette série de Comètes, il est d'une nécessité absolue que le Soleil les ait lancées à diverses époques : que celles dont la période est immense, remontent, par leur origine, à la jeunesse de notre astre central, et que celles qui achèvent leur course en moins de six ans, ne dattent que d'une époque voisine de sa vieillesse.

Une des considérations majeures qui dérivent de notre théorie sur les Comètes, c'est la dépendance, où malgré une excentricité presqu'incalculable, l'astre engendré se trouve par rapport à l'astre générateur : qu'on songe qu'à une distance de cinq milliards sept cents mille lieues, car tel est le dernier point de l'Aphélie de la Comète de 1680, le Soleil a encore assés d'influence pour arrêter la course fugitive de ce corps céleste, et pour courber son orbite, de manière à la ramener aux élémens de l'Ellipse.

Cette merveille, (et tout n'est-il pas merveille en astronomie ?) rend un peu moins paradoxal le grand fait de notre Cosmogonie, que l'astre-principe, du centre d'une sphère presqu'infinie, gravite sur tous les Soleils épars, vers chaque point de la circonférence de l'univers.

Et cette gravitation d'un Soleil secondaire sur les Comètes de son Système, agit toujours, quelqu'excentrique que soit leur orbite, en raison directe des masses et en raison inverse du quarré des distances ; c'est d'après cette belle loi Newtonienne, que nous avons vu la Comète de 1743 se mouvoir, dans une seule révolution Solaire, avec une vitesse de quinze cents cinquante mille lieues, à l'époque de son Périhélie, tandis que cette vélocité était réduite à trois mille dans son Aphélie.

Puisque la nature de l'Ellipse des Comètes ne les affranchit pas des loix centrales, puisqu'on retrouve dans ces astres comme dans les Planètes, les proportions égales des aires et des temps, et un rapport aussi constant entre les révolutions périodiques et les diamètres des orbes, nous nous voyons donc ramenés sans effort à notre idée primitive, que les Comètes à Système sont une classe particulière de Planètes.

La théorie générale de nos Planètes et de nos Comètes, ainsi terminée, nous touchons au terme de la partie métaphysique de notre Cosmogonie.

Maintenant, si l'on met en regard notre Soleil, avec les deux ordres de corps célestes de son Système, on est conduit naturellement à des résultats, faits pour révolter l'imagination la plus audacieuse, qui n'aurait pas été préparée doucement par les préliminaires de notre hypothèse.

Nous avons vu qu'un Soleil Planète était, par sa nature, bien plus disposé à s'éteindre qu'un Soleil-Comète, et nous en avons pressenti la cause dans la rapidité de la course Elliptique de ce dernier, dans le ressort tangentiel que lui laisse son peu de masse, et dans la forte pression qu'exercent sur lui les corps célestes qu'il rencontre : on peut y ajouter encore un autre motif non moins puissant, tiré des nouveaux feux qu'il puise, dans le sein de l'astre qui l'a fait naître, à l'époque de ses Périhélies.

Pour concevoir cette théorie, il faut se rappeller le théorème Newtonien, que la chaleur Solaire s'accroit en raison inverse du quarré des distances : or pour ne citer que la Comète si connue de 1680, cet astre le huit octobre, époque de sa plus grande proximité du Soleil, s'étant trouvé cent soixante fois plus près de son disque que notre globe, a dû, d'après la loi Newtonienne, éprouver vingt-cinq mille six cents fois plus de chaleur. On peut se faire une idée de l'activité prodigieuse de ce feu, en la comparant à celui de nos meilleurs miroirs ardents, qui augmentent environ mille fois l'action des rayons Solaires ; à peine l'incendie de la Comète serait-il égalé par celui que produirait le foyer réuni de vingt cinq miroirs d'Archimède: on conçoit combien une pareille conflagration est faite pour diviser, dans un corps céleste, les masses hétérogènes qui le faisaient tendre à l opacité. Une Comète trouve donc, dans la nature de l orbe qu'elle décrit, une force particulière qui remonte, à chaque révolution, son ressort prêt à se dégrader, et retarde ainsi sa pente graduée vers la décrépitude.

Mais si les Soleils-Planètes d'abord, et un grand nombre de myriades de siècles après, les Soleils Comètes sont condamnés par la nature à s'éteindre, est-il permis de prévoir, dans un avenir incalculable, quelle sera la destinée des Soleils générateurs, qui ont projetté de leur sein les Planètes et les Comètes de leur Système ?

Il me paraît, en premier lieu, d'après les bases de notre Cosmogonie, qu'un Soleil secondaire étant né à une époque plus voisine du berceau de la nature, que des Soleils du troisième ordre, comme les Planètes et les Comètes à Ellipse, doit renfermer en lui infiniment plus de ce feu-principe, qui retarde dans les êtres sensibles la destruction, et dans les masses qui ne sont qu'organisées, cette opacité qui est pour elles le symbole de la mort.

Mais les Soleils projettés immédiatement par l'astre central, ont encore d'autres gages de l'espèce d'éternité dont ils se glorifient.

Nous avons vu, à nous borner à notre Système, que sept cents mille Planètes et dix-sept millions de Comètes circulaient autour de notre Soleil, réglant leurs orbites, d'après les loix que sa gravitation leur impose : croit on que la pression continue de ce nombre effroyable de masses célestes n'entretienne pas l'activité du feu dans le foyer commun dont elles émanent? il faut regarder, à cet égard, notre assemblage de mondes, comme une roue immense qui, en tournant rapidement, embrase son essieu.

Le grand Newton trouvait une autre cause de la permanence de l'incendie au sein d'un Soleil, dans le poids énorme de son atmosphère, qui en condensant les exhalaisons embrasées qui s'en élèvent, les empêchent de se dissiper.

Malgré tant de motifs pour conserver leur feu principe dans toute son intégrité, les Soleils, à force de déployer leur force tangentielle, diminueraient sans cesse de volume, et à la fin perdraient leur prépondérance sur les astres de leurs Systèmes, si, comme le phénix de l'Orient, ils ne retrouvaient dans leurs cendres mêmes, de quoi réparer leurs pertes.

Les Planètes qui s'éteignent et les Comètes qui s'égarent sont, sous ce point de vue, les cendres des Soleils, destinées à les revivifier.

Nous avons vu que les Comètes des Systèmes, par la prodigieuse excentricité de leur Ellipse, sont exposées tantôt à s'éloigner de leur Soleil à des distances presqu'incalculables, tantôt à s'en approcher, de manière à faire craindre qu'elles ne tombent dans sa sphère; c'est ainsi que celle de 1680, met dans son Aphélie cinq milliards sept cents mille lieues entre elle et son astre central, et à peine deux cents mille dans son Périhélie : or, nous sçavons, par les calculs de l'astronomie, que l'orbite de ces corps célestes est de nature à se déranger par la perturbation des grosses Planètes, dont ils ne peuvent éviter la rencontre : dérangement assés grand, pour qu'il en soit résulté 585 jours de différence entre les deux dernières périodes de la Comète de 1759, et pour dérober à notre vue la première de 1770. D'après tous ces faits, que le génie et le travail se sont réunis à constater, n'est-il pas infiniment vraisemblable que des Comètes, dont les élémens de l'orbite ont été altérés par des astres perturbateurs, à force de se rapprocher de leur Soleil dans leur Périhélie, finissent par tomber dans son sein ? cette idée est grande, elle fait pressentir comment un astre qui engendre sans cesse au dépens de sa substance, peut réparer ses ruines, et comme elle a souri à ce Newton qui nous a tracé la première Carte exacte du firmament, elle mérite de trouver place dans notre Cosmogonie.

Les Comètes à Ellipse n'ont donc pas besoin de s'éteindre pour renouveller leur astre central ; il leur suffit de subir des altérations assés fortes de la part des masses perturbatrices, pour que la force tangentielle, qui les a projettées, cède dans la Périhélie à la force de gravitation qui les entraine dans le Soleil.

Mais parmi les dix-sept millions de Comètes, que l'analogie nous fait placer dans notre Système, il s'en trouve peu, sans doute, à qui des rencontres sinistres fassent intervertir les loix de leur mouvement primitif, et qui périssent ainsi avant d'avoir achevé leur carrière : le grand nombre passe par tous les périodes ordinaires de la vie des êtres organisés : puisqu'elles ont eu un berceau, elles ont une adolescence, une maturité et une décrépitude : cette décrépitude est l'opacité ou l'extinction presque totale du feu principe qui les vivifiait : à cet égard, la mort des Comètes ne diffère pas essentiellement de celle des Planètes.

Si l'on a suivi avec quelqu'attention la chaine des principes qui constituent notre théorie, on aura observé que tous les corps célestes, qui ont été engendrés, ont en eux un principe de dégradation qui les empêche de partager l'éternité du corps générateur.

Ce principe de dégradation vient de la

prépondérance graduée que prend, par le laps insensible des siècles, la force centrale sur la force tangentielle.

La force centrale une fois acquise par l'adhérence des molécules de la matière, va sans cesse en s'augmentant; c'est une suite naturelle du fait majeur tant de fois observé, que les astres ne peuvent perdre leur nature Solaire, sans acquérir une pente rapide vers l'opacité.

Il n'en est pas de même de la force tangentielle; une fois imprimée elle ne se renouvelle plus: la seule résistance de l'Ether, toute insensible qu'elle est, suffit, après des millions de siècles, pour lui faire perdre toute son énergie.

De là il résulte que la combinaison des deux forces tangentielle et centrale est la première loi de la nature : quand c'est la force tangentielle qui domine, tout s'organise dans l'univers, quand c'est la force centrale; tout marche à pas précipités vers une destruction qui est le germe d'un renouvellement.

D'après une pareille spéculation, on conçoit sans peine, comment l'extinction des Planètes et du plus grand nombre des Comètes à l'Ellipse, amène le renouvellement des Soleils.

Tout astre, dont l'impulsion diminue et dont la gravitation augmente, doit, par une loy immuable et nécessaire, s'approcher du Soleil de son Système : ce qui rend graduellement plus petite l'orbite qu'il décrit, et ramène toujours de plus en plus les Planètes vers le centre de leur Ellipse, et les Comètes vers leur foyer, à l'époque de leurs Périhélies.

Enfin quand l'orbite de la Planète est à son dernier période de diminution, quand la Comète à son Périhélie voit sa sphère d'activité en contact avec celle de son astre central, la force tangentielle qui éloigne ces astres éteints, n'étant plus en proportion avec la force centrale qui les attire, il faut bien qu'ils se précipitent dans le Soleil.

Telle est la catastrophe qui attend tôt ou tard les corps célestes subalternes des Systèmes; c'est ainsi qu'après avoir brillé d'une lumière propre dans l'espace, notre globe, qui depuis longtemps n'offre aux regards qu'une lumière empruntée, achevera de s'éteindre, ne décrira plus qu'une faible orbite de quelques millions de lieues autour du Soleil, et finira par trouver son tombeau dans le sein qui l'a fait naître. Cette dernière époque au reste est inaccessible même au calcul des probabilités : tout ce qui parait le moins problématique, à cet égard, c'est que la nature, encore active sur la surface de la Planète, n'annonce pas sa décrépitude : que le désastre de Mercure précédera le sien, et que sa chute dans le Soleil ne sera suivie que plusieurs myriades de siècles après, par celles de Mars et de Jupiter.

C'est ainsi que les Soleils s'entretiennent dans

dans l'espace, par l'aliment perpétuel que les corps célestes subalternes présentent à leur activité : mais enfin cet aliment n'a pas la durée du feu-principe, qui forme l'essence de l'astre central de l'univers ; qu'est-ce que sept cents mille Planètes et dix-sept millions de Comètes d'un Système, quand on mesure leur extinction par un intervalle de temps qui approche de l'éternité ? il faut bien qu'à la fin les aliments du feu s'épuisent, que l'incendie qui détruit finisse avec la destruction : ainsi il y aura un terme pour la durée des Soleils, comme il y en a un pour celle des astres éteints de leur Système ; après avoir englouti leurs Planètes et leurs Comètes, ils seront engloutis à leur tour par l'astre central qui les a projettés, et cette dernière catastrophe amenera un nouvel ordre de choses dans l'univers.

D'UNE NOUVELLE ORGANISATION

DE NORE MONDE.

CONSIDÉRATIONS SUR LES ATMOSPHÈRES DES PLANETES.

Enfin je ne marche plus sur des sables mouvants qui recélent la profondeur des abîmes : le sol qui se présente à mes regards est empreint des pas de l'homme, et je puis le parcourir avec confiance : sorti d'un monde inaccessible, où j'errais sans guide et sans spectateurs, j'entre dans un monde connu et dont mille géographes prétendent avoir dressé la carte : chacun peut mettre mes découvertes en regard avec celles des voyageurs qui m'ont précédé ; chacun peut avec le plus faible esprit d'analyse, apprécier les choses neuves et vrayes, ainsi que juger les erreurs de cette dernière partie de ma Cosmogonie.

Mais si tout est lié par une chaîne heureuse entre les terres Australes que je quitte, et les régions habitées où je vais entrer : si les phénomènes qui frappent tous les yeux, découlent sans effort de ceux que je n'ai saisis qu'avec le prisme de l'imagination : si enfin dans ce que le préjugé appelle un univers aérien, je trouve le germe de notre univers sensible, on me pardonnera aisément d'avoir tenté de deviner le secret de la nature dans la composition de son histoire.

Nous avons laissé notre globe, au moment de son organisation primitive, occupant dans l'espace le rang de Soleil : c'est une série de principes presque mathématiques, qui nous a conduits à ce résultat, dont malgré son apparence paradoxale, une raison sévère est bien moins blessée, que de l'idée théologique de tirer notre Système

Planétaire du néant, il y a soixante siècles, ou de l'hypothèse poëtico-astronomique qui l'a fait naître, il y a soixante et quinze mille ans, du choc oblique d'une Comète lancée au travers du disque du Soleil.

Au premier période des temps, où la terre était encore un fluide expansif et presqu'homogène, son volume devait être infiniment plus considérable qu'il ne l'est maintenant ; car un fluide que le feu divise sans cesse, occupe incomparablement plus de place, que quand, par l'absence de cet élément, ses globules réunis obéissent à la force de la cohérence. Ce principe majeur a échappé à tous les philosophes qui ont créé des mondes à l'exemple de Moyse, et sur-tout à Buffon.

Il est bien évident que le globe, en augmentant de volume, devait aussi augmenter la force de rotation qui le fait tourner sur son axe. Aujourd'hui qu'il n'a plus que neuf mille heues de tour, la vitesse de son mouvement circulaire est de six lieues un quart par minute : mais en ne lui supposant, dans l'origine, que le double de circonférence, la force de rotation, qui lui ferait parcourir près de treize lieues par minute, devrait, en influant singulièrement sur la durée de son état de fusion, changer toutes les loix connues de nos Cosmogonies.

Kepler croyait qu'une Planète tournait plus rapidement sur son axe, quand elle se trouvait dans son Périhélie ; et si cette opinion avait réellement toute la justesse que semble indiquer le grand nom de son auteur, il ne faudrait pas s'étonner de l'accélération du mouvement de la terre dans son age primitif : elle était nécessitée par son voisinage de l'astre central : voisinage d'autant plus grand, que tous les deux avaient alors infiniment plus de volume. Eh ! pourquoi l'idée de Kepler serait elle reléguée parmi les rêveries astronomiques ? ne sçait on pas que l'approche du Soleil accélère la course

Elliptique des Comètes ? n'avons nous pas vû celle de 1743 faire, dans son Périhélie, quinze cents cinquante mille lieues en vingt-quatre heures, tandis qu'elle en faisait à peine trois mille dans son Aphélie ?

Or, il est démontré en physique, que plus une masse fluide tourne rapidement sur son axe, plus la matière qui la compose doit être dans un état de division ; si cette force de rotation approchait de l'infini, la matière divisée tiendrait par sa ténuité à l'organisation élémentaire : elle serait le feu principe, et un pareil corps céleste le disputerait, par son influence dans le firmament, à l'astre central dont nous avons fait la métropole de l'univers.

Ne détruisons pas la hyérarchie des mondes qui peuplent l'espace : notre globe à sa naissance, loin de se comparer au Soleil-principe, ne pouvait même soutenir le parallèle avec le Soleil secondaire de son Système : il était, je le sçais, lumineux par lui-même, mais comme il ne se trouvait imprégné que de feux dégénérés, son pouvoir générateur devait se borner à la projection d'un faible Satellite.

Malgré les limites dans lesquelles je circonscris l'influence de notre Planète dans son état primitif, cette idée d'avoir brillé autrefois dans le firmament sous la forme de Soleil, révoltera toujours l'homme pusillanime qui voit dans ce qui est, ce qui a été, et ce qui doit être un jour : il ne manquera pas de dire que ce petit corps céleste de deux mille huit cents soixante-cinq lieues de diamètre, condamné par sa nature à n'occuper qu'un rang subalterne, bien loin d'avoir été autrefois un astre dominateur, a dû, de toute éternité, se traîner obscurement à la suite d'un Soleil dans les déserts de l'immensité.

Mais encore une fois la Terre, si on a bien saisi la chaine des principes qui constituent notre hypothèse, n'a pas toujours été dans l'état de dégradation et d'impuissance qui la caractérise ; nous venons de voir, qu'en doublant seulement sa force expansive, elle a pu avoir dix-huit mille lieues de circonférence ; et ce calcul vague et sans base, demande encore à être rectifié. Si le fluide embrasé qui constituait notre globe a passé par gradation, de la plus grande ténuité jusqu'au terme de la consistence où nous le voyons aujourd'hui, il est hors de doute qu'à l'époque de sa ténuité élémentaire, il a dû occuper un rang dominateur dans le firmament.

Au reste, pour bien juger de l'influence qu'une Planète, telle que la nôtre, peut avoir dans son Système, il faut la considérer non-seulement en elle-même, mais encore dans le fluide qui l'enveloppe : car ce fluide en fait une partie essentielle, et il n'y aurait pas plus d'inconséquence à ôter à la terre son point central et ses Pôles, qu'à lui ravir son atmosphère.

ROCHER BASALTIQUE DE ROCHE ROUGE.
Qui s'est fait jour à travers le Granit, et en a soulevé les masses.

Et en traitant de l'atmosphère de la terre, il faudra bien aussi jetter quelques idées sur celles des autres Planètes, des Comètes à Ellipse et de l'astre central de son Système ; cette question essentielle pour la théorie de la terre, tient par une chaîne très sensible à toutes les branches de la Cosmogonie.

Comme notre atmosphère est de nature à être moins saisie par l'œil physique que par celui de l'entendement, elle a été quelquefois niée non-seulement par le peuple des ignorants, mais encore par le peuple des demi-philosophes. A dieu ne plaise que je place, dans une de ces deux classes, l'auteur de la Henriade, qui a consacré soixante ans à étendre en Europe l'empire de la raison ! mais ce n'est pas sans scandale que je l'ai vu, dans son dictionnaire philosophique, se jouer, avec une imagination audacieuse, de toutes les preuves physiques et astronomiques qui constatent l'existence de notre atmosphére. Au reste, il est une sorte de critique à laquelle une philosophie sévère ne sçaurait répondre sans se compromettre ; il ne faut pas plus s'amuser à prouver à Voltaire, que notre globe nage dans un fluide, qu'à lui disputer les dimensions du vaisseau de guerre qu'il place sur le pouce de son Micromégas.

Une simple considération sur la rapidité de la course de notre globe, dans son mouvement annuel, devait suffire pour ramener, à cet égard, l'esprit naturellement juste du plus beau génie de ce siècle. La terre, comme l'on sçait, parcourt dans son orbite immense, autour du Soleil, 238 toises et demi par seconde : or si elle n'avait point d'atmosphère, qui pourrait résister au courant d'air, d Orient en Occident, qui se ferait sentir sur toutes les parties découvertes de sa surface, et en particulier sur les Pics du Caucase, du Mont-Blanc ou des Cordilières ? on peut juger de la violence de ce courant par le vent le plus impétueux, qui ne parcourt que dix toises par seconde : un courant d'air qui en franchirait plus de 238, dans le même intervalle, renverserait les édifices les plus massifs que l'homme a élevés, le mausolée d'Adrien et les Pyramides.

Les premiers astronomes qui, à la naissance de la physique, voulurent se faire une idée nette de notre atmosphère, commencèrent par étudier celles des autres corps célestes qui circulent dans notre Système : car quand on n'occupe qu'un point sur la surface d'un monde, il est impossible d'en juger l'ensemble : il faut être à des millions de lieues pour apprécier des fluides qui occupent des espaces presqu'incommensurables. L'histoire de la Terre à certains égards est écrite bien moins lisiblement sur le sol qui porte l'historien, que dans Jupiter, ou dans la queue lumineuse des Comètes.

Une excellente dissertation du géomètre Italien, Frisi, qui remporta en 1758 le prix de notre académie, et encore mieux, le télescope, qui montrait de temps en temps des anneaux lumineux sur Mercure et sur Vénus, indiquèrent aux bons esprits la présence de leurs atmosphères.

Mercure, toujours plongé dans les rayons de notre astre central, est difficile à atteindre, par les instruments qui suppléent à la faiblesse de notre vue et à celle de notre intelligence: mais Vénus, plus rapprochée de nous, est plus accessible à l'astronomie : aussi a-t-on eu occasion de confirmer plusieurs fois l'existence du fluide qui entoure cette dernière Planète : en particulier, à l'époque de son passage sur le disque du Soleil en 1769, son atmosphère fut sensiblement visible aux physiciens de Philadelphie.

Mars, comme nous l'avons vu, est encore un demi-Soleil, et l'activité de son embrâsement, doit étendre à une grande distance, les matières raréfiées qui s'échap-

pent de sa surface ; aussi son atmosphère
n'est point un problème : Smith, à qui nous
devons un ouvrage classique sur l'Optique,
a démontré qu'elle existait, par une des Fixes
que la Planète dérobe à nos yeux à son approche : en effet l'étoile disparait à une
certaine distance, sans avoir été en contact
avec son disque : il faut que cette atmosphère soit bien sensible, puisqu'à la distance
de près de cinquante-trois millions de lieues
où nous sommes d'elle, nos astronomes
ont tenté de la mesurer : le second Cassini
et le géomètre Oliver, partant tous deux
de routes différentes, se réunissent à lui
donner onze cents trente lieues de hauteur,
ou les deux tiers du diamètre de la Planète.

Jupiter, qui n'est pas plus éteint que
Mars, doit aussi avoir une espèce d'Océan en
vapeurs qui l'environne; cet Océan est élevé
d'environ trente-quatre mille lieues au dessus du centre de la Planète, et de dix-neuf
mille au dessus de sa surface, s'il en faut

croire le sage et brillant historien de notre académie.

Dès 1715, un des Cassini avait observé sur le disque de Saturne des bandes obscures, qui, n'ayant pas la courbure des Zônes adhérentes sur sa surface, lui avaient présenté l'apparence de nuages, soutenus dans le fluide aërien qui l'entoure ; mais quand, en 1735, il voulut donner à ce fluide la hauteur de l'Anneau, c'est à dire, cinquante-quatre mille lieues, il présenta une hypothèse sans base : il sera toujours impossible, tant qu'on ne sçaura pas quelle est la rotation d'une Planète sur son axe, de mesurer la hauteur de son atmosphère, voilà pourquoi, tout persuadés que nous sommes que Mercure, Saturne et Herschell en ont une, nous ne pourrons de longtemps soumetre à nos calculs la profondeur à laquelle ces trois dernières s'étendent dans l'espace ; il serait sur-tout infiniment absurde, d'après notre théorie, née de l'observation la plus scrupuleuse des phénomènes, que Saturne éteint, eut une atmosphère de cinquante-quatre mille lieues de rayon, tandis que Jupiter, demi-Soleil, n'étendrait la sienne qu'à dix neuf mille de sa surface.

Pour être à portée de secouer entièrement la poussière des anciens préjugés sur les atmosphères des corps célestes, il suffirait de jeter un coup-d'œil sur les queues lumineuses des Comètes dans leur Périhélie.

Cette queue n'est autre chose que l'extension de l'atmosphère de ces astres, lorsqu'ils approchent du corps central autour duquel ils gravitent : car l'astronomie moderne a très bien observé, que le fluide lumineux qui les constitue, reprenant sa figure sphérique à l'autre extrémité de l'Ellipse, il n'y a jamais de queue dans les Aphélies.

Et comment douterait-on de ces atmosphères de Comètes, puisque grace à leur transparence, on apperçoit au travers, non seulement le noyau de l'astre, mais encore des étoiles de la septième grandeur qui ne se rendent visibles qu'au télescope ?

Le grand Newton a exercé son génie sur les queues atmotsphérique des Comètes, et il a prouvé, par le calcul, que leurs diamètres en égalaient dix de leur noyau; si, d'après cette donnée, on voulait résoudre le problème de l'évaluation exacte des queues des Comètes, il suffirait d'y appliquer le principe mathématique, que les sphères sont entre elles comme les cubes de leurs diamètres, et on trouverait alors que ce fluide atmosphérique occupe neuf cents quatre vingt dix-neuf fois plus d'espace que le globe même de la Comète.

Affin que les lecteurs, qui ne sont pas géomètres, se fassent une idée encore plus sensible d'une pareille influence atmosphérique, il suffit de se rappeller l'observation de l'apôtre de la gravitation, sur la comète de 1680, dont la queue embrassait jusqu'à
soixante

soixante et dix degrés dans le firmament ;
cette étendue suppose une longueur de près
de dix millions de nos lieues astronomiques,
sur une largeur égale au diamètre de la
Comète.

Mais ce qui achève de détruire toute espèce de scepticisme sur l'existence des
atmosphères des corps célestes, c'est le
phénomène de la lumière Zodiacale, si bien
appréciée par Dominique Cassini, et qui a
servi à nous rendre sensible jusqu'à l'atmosphère du Soleil. On sçait que cette
clarté, assés semblable à celle de la Voye
Lactée, s'apperçoit, quand elle est visible,
avant le lever ou après le coucher du Soleil,
en forme de pyramide, le long du Zodiaque,
où elle est toujours renfermée par sa pointe
et par son axe, et appuyée obliquement sur
l'horison par sa base. Descartes très-hardi
pour le temps où il écrivait, mais très-pu-
sillanime pour le nôtre, étendait ce fluide
Solaire jusqu'à Mercure, celle des Planètes

qui avoisine le plus le centre du Système ; mais de nouvelles observations faites de nos jours par Mairan, ont augmenté, à cet égard, notre admiration ; on a vu que cette lumière Zodiacale occupait souvent soixante degrés dans le ciel, depuis l'astre dont elle émane jusqu'à sa pointe : on sçavait même par les tables des astronomes, qu'en 1687, l'espace, rempli par cette lumière, s'était trouvé de cent trois degrés, et il était aisé d'en conclure que l'atmosphère du Soleil non seulement était en contact avec le nôtre, mais même se prolongeait bien au delà ; ce qui tendait à supposer plus de cent millions de lieues dans sa sphère d'activité.

Cependant, grace aux tâtonnemens de la philosophie spéculative, quoique, d'après les phénomènes connus, on put conclure hardiment que l'atmosphère Solaire enveloppait la nôtre, nos astronomes, pendant longtemps, trouvèrent téméraire d'adopter un pareil résultat : Jacques Cassini, en 1735, ne donnait encore à l'atmosphère de notre astre central, que cinq millions cinq cents mille lieues de rayon. La théorie qui porte cette profondeur à trente trois millions, n'est qu'une espèce de conjecture heureuse de Fontenelle, le brillant historien de l'académie.

Depuis cette époque, la physique plus courageuse a tenté des calculs, qui supposaient une sphère presqu'incommensurable à l'atmosphère Solaire : le professeur Winthrop a avancé, dans ses pensées sur les Comètes, que ce fluide avait assés de densité, a près de quatre mille lieues du disque de l'astre, pour y soutenir quelques unes de ces émanations Solaires qu'on appelle vulgairement des taches ; d'autres astronomes appliquant à cette atmosphère immense, les belles loix Newtoniennes sur la gravitation universelle, ont démontré que quand ses molécules ne se trouvaient qu'à une distance de soixante mille lieues de notre globe, elles en étaient plus attirées que par le Soleil : Daniel Bernoulli, plus hardi encore, a étendu sa sphère d'activité jusqu'à Saturne, qui est, comme l'on sçait, à plus de trois cents trente millions de lieues de notre astre central, et je ne doute pas que si Herschell avait été connu de son temps, il n'eut doublé cet intervalle pour l'atteindre : alors toutes les Planètes connues auraient été dans la dépendance immédiate de l'atmosphère Solaire, qui se serait trouvée avoir un empire de dix-neuf cents trente-sept millions de lieues de circonférence.

La théorie de l'atmosphère terrestre, dont nous allons nous occuper, va ajouter encore de la précision à nos idées générales : mais nous avons déjà sur cette matière importante assés de rayons épars pour en former un faisceau de lumière.

Il est évident, d'après les phénomènes déjà soumis à l'analyse, que les atmos-

phères n'étant originairement que des émanations d'un astre lumineux par lui-même,
leur étendue doit être proportionnée à
l'activité de leur principe : c'est à cette loy
générale que viennent se plier tous les faits
dont nous avons tenté l'histoire.

Puisque notre Soleil est le seul astre de
notre Système qui soit encore un immense
réservoir de feu principe, il n'est pas étonnant que son atmosphère soit la plus vaste,
qu'elle s'étende, suivant Fontenelle, jusqu'à
notre globe, que Daniel Bernoulli la prolonge jusqu'à Saturne, et que d'après une
théorie moins conjecturale, elle atteigne la
Planète d'Herschell, ayant une sphère d'activité de dix-neuf cents trente-sept millions
de lieues de circonférence.

S'il est vrai, d'après notre Cosmogonie,
que les Comètes à Ellipse soient, d'après
la nature de la courbe qu'elles décrivent et
d'après leur peu de densité, ceux des corps
célestes subordonnés, qui sont les plus dif-

ficiles à s'éteindre, on devait s'attendre naturellement à voir confirmer à leur égard le principe de Newton, que le diamètre de leurs atmosphères était dix fois plus grand que celui de leur noyau; on devait voir sans surprise la Comète de 1680, occuper de sa queue dix millions de nos lieues astronomiques, dans le firmament.

Plus un principe est d'une simplicité lumineuse, plus il est fécond dans ses résultats. Notre Cosmogonie nous a montré Mars et Jupiter, empreints encore des traces de leur conflagration primitive, s'offrant dans l'espace sous la forme de demi Soleils : le fluide qui les environne doit donc s'étendre plus loin que celui des Planètes éteintes : ainsi Mars, quoiqu'il ne soit qu'un cinquième de la Terre, peut donc, d'après les calculs des Cassini et des Cliver, avoir une atmosphère d'onze cents trente lieues de rayon; ainsi celle de Jupiter, la plus énorme masse Planétaire connue, peut donc, suivant Fontenelle, s'étendre à dix-neuf mille lieues de sa surface.

A mesure qu'une Planète s'approche du terme de l'extinction, son empire atmosphérique doit s'affaiblir : aussi quoique l'astronomie soit convaincue de l'existence des fluides qui entourent Mercure et Vénus, elle les a trouvés si peu considérables, qu'elle n'a pu les soumettre au calcul : et s'il se rencontrait des astres qui parussent presque parfaitement éteints comme la Lune, il ne serait pas étonnant que d'excellents astronomes allassent jusqu'à leur contester leur atmosphère.

Une autre loi générale, que semble indiquer la conciliation de notre théorie atmosphérique avec notre Cosmogonie, c'est celle qui porte les émanations primitives des Soleils, de quelqu'ordre qu'ils soient, jusqu'aux dernières limites de leur propre empire : ainsi l'atmosphère de chacune de nos Planètes, a dû, dans l'origine, embrasser tout l'espace où circulent leurs Satellites : celle de la terre s'étendre bien au-delà de l'orbite de la Lune, celle de Saturne entourer le fluide des cinq astres qui lui sont subordonnés et de son Anneau. Ainsi notre astre central qui, aujourd'hui ne conduit peut-être son atmosphère, que jusqu'au point où il est en contact avec celle d'Herschell, la prolongeait, sans doute, au premier âge de son organisation, à dix milliards sept cents soixante quatre millions de lieues, c'est à dire, jusqu'aux limites de son Système, jusqu'aux frontières de ce désert incommensurable qui n'est peuplé que de Comètes à Hyperboles.

Après avoir plané ainsi dans le firmament, pour tacher de deviner l'ordonnance générale des mondes, ramenons nos regards vers la Terre, et justifions, s'il est possible, l'audace des principes par la justesse des résultats.

Quoique les observations journalières

sur l'atmosphère de notre globe, ne constituent qu'un seul article de notre corps de doctrine astronomique, cependant on ne sçaurait croire avec combien de lenteur la vraye théorie de ce fluide s'est formée : il a fallu essuyer bien des hérésies, avant que le Concile des physiciens parvint à établir ce premier dogme de son Symbole.

Kepler et l'académicien la Hire cherchèrent les premiers les loix de la hauteur de notre atmosphère par les crépuscules : le dernier fut conduit par son calcul à un peu plus de quinze lieues : le premier employa une méthode qui lui offrit un rayon d'une grandeur prodigieuse, et comme cette partie de l'astronomie était encore à son berceau, effrayé lui-même de son résultat, il employa divers moyens tous aussi peu heureux pour l'affaiblir. Il fallait que la règle de Kepler fût en effet digne de l'idée qu'on doit se former de la magnificence de la nature, puisque le second Cassini prétendit qu'elle tendait à donner dix mille lieues de hauteur, au fluide aérien qui nous environne.

On ne revient pas de sa surprise, quand on voit un des Euler ajouter longtemps après à l'hérésie astronomique de la Hire, en ne portant qu'à 3,270 toises, ou moins d'une lieue et demi le rayon de notre atmosphère : or nous sçavons, par le voyage des Bouguer et des la Condamine, pour la mesure des degrés de l'Équateur, que la seule fumée des volcans du Pérou s'élève huit cents toises plus haut : ainsi, d'après le calcul d'Euler, les montagnes ardentes du nouveau monde auraient projetté quelque chose dans le vuide, ou du moins dans ce fluide éthéré qui n'est pas plus de la dépendance de la Terre que de celle de Saturne.

Halley, un des plus grands astronomes dont l'Europe sçavante se glorifie, avait si peu franchi, au commencement de ce siècle, l'enceinte étroite des préjugés philosophiques, qu'il ne donnait que dix-sept lieues à la hauteur de la masse d'air dont nous sommes environnés, et c'est sans doute, en étendant un peu le principe de cet homme célèbre, que les Mayer, les Oliver, et les Horstley ont prolongé ensuite son rayon jusqu'à vingt-trois : Mairan fait, par sa belle imagination, pour ne penser que d'après lui même, a encore la faiblesse de s'excuser auprès de la mémoire de Halley, d'avoir cru que la dernière couche de ce fluide était à trois cents lieues de nous ; et quelques années après le second Cassini, qui craignait de compromettre la renommée des Halley et des Mairan, ne déclarait qu'en tremblant qu'on pouvait la prolonger à sept demi diamètres de la terre, c'est-à-dire, à un peu plus de dix mille lieues.

Je ne sçais de quel principe est parti l'Arabe Alhazen, pour déterminer la hauteur de notre atmosphère, mais il paraît avoir rencontré beaucoup plus juste que tous nos astronomes, quand il a soutenu que ce fluide, en devenant toujours graduellement plus rare, s'étendait peut-être jusqu'à la sphère des Planètes.

Et il ne faut entendre ici par les Planètes de l'Arabe Alhazen, que la Lune, qui gravite à un peu plus de quatre-vingt quatre mille lieues de notre globe : car il est difficile de croire que la Terre, même à l'époque où elle était un Soleil, pût, avec son atmosphère, atteindre, à plus de trente-quatre millions de lieues, Vénus, la plus voisine de nos grandes Planètes.

La Lune étant née de la Terre, doit, d'après nos principes, non seulement avoir été atteinte, mais encore enveloppée, du moins dans son âge primitif, par notre atmosphère.

Cette Lune elle-même, avant de s'éteindre, nageait dans un fluide immense, qui s'est affaibli peu à peu, à mesure que la source de ses émanations s'est épuisée; aujourd'hui ce fluide, dégradé par la vieillesse de l'astre dont il émane, paraît si peu dense, que, suivant un des sçavants les plus modestes de nos académies, la plus grande de toutes les réfractions, n'y est que de deux secondes et un quart : cette prodigieuse ténuité de l'atmosphère Lunaire a jetté de nos jours assés de nuages sur son existence, pour porter des physiciens estimables à la nier : comme si, dans les Eclipses totales de notre astre central, les Anneaux lumineux de notre Satellite ne désignaient pas évidemment un fluide, qui réfléchit et brise les rayons du Soleil. Au reste, les spéculations sur la mesure précise de l'atmosphère de la Lune sont si vagues, que tandis que quelques géomètres la rejettent, il en est d'autres, comme le chevalier de Louville, qui lui donnent, d'après de vagues conjectures, soixante-quatre lieues de rayon.

L'atmosphère de la Lune ne nous importe, qu'autant qu'elle met en évidence le principe majeur, que tous les fluides, dont les corps célestes sont entourés, vont en se dégradant, depuis l'astre principe jusqu'à l'astre éteint de son Système ; rentrons maintenant dans le domaine direct de notre globe, et tout affaibli qu'il est, continuons à chercher dans son néant les élémens de sa puissance primitive ; peut être notre atmosphère, toute circonscrite qu'elle est, nous laissera-t-elle une grande idée de l'ancien Soleil qui dirigeait ses mouvements, elle sera pour nous Marius exilé de Rome et assis sur les ruines de Carthage.

S'il était permis de concilier avec la vraye théorie de la Terre, quelques unes des opinions sans base de nos astronomes, on pourrait adopter, mais avec de sages modifications, l'échelle graduée de Mairan, qui partage en trois régions notre atmosphère. La première est celle de l'air grossier qui détourne les rayons Solaires et produit la refraction : celle-là ne s'élève pas seulement à 5270 toises, comme le veut un des Euler, mais à environ 7500 ou 8000, ce qui circonscrit dans de justes limites les émanations ardentes des volcans du nouveau monde.

La seconde province de l'empire de notre atmosphère comprend l'air un peu plus rare, qui pèse sur le Mercure, et le soutient à vingt huit pouces : ce fluide, encore assés dense pour arrêter la lumière et nous la renvoyer par la réflexion, allonge le jour en donnant naissance aux crépuscules : comme on peut l'étendre de quinze ou vingt lieues au dessus de la première région, il est probable que c'est de ces deux sphères d'activité réunies de notre atmosphère, que parlent les Kepler, les Halley, les Mayer, les Hortsley et les Oliver, quand ils font nager notre globe dans un fluide, qui a entre quinze et vingt-trois lieues de rayon.

La dernière contrée atmosphérique est celle, où l'air, trop subtil, se met en équilibre avec lui-même, et ne peut ni réfracter ni réfléchir la lumière; cette troisième Zône, est le théâtre des Aurores Boréales; Mairan, par des calculs plus ingénieux que solides, la place à cent soixante et quinze lieues de la surface de la terre, et il aurait expliqué, d'une manière non moins heureuse, le phénomène brillant dont il était le premier historien, en prolongeant les limites de cette troisième région, jusqu'au terme trouvé par l'Arabe Alhazen, c'est-à-dire, jusques vers le disque de notre Satellite.

Notre globe, depuis tant de myriades de siècles, qu'il marche à grand pas vers l'extinction, pourrait bien aujourd'hui ne pas voir, à plus de quatre-vingt mille lieues, son atmosphère, en contact avec celui de la Lune; mais assurément on ne peut être accusé que de trop de circonspection, en fixant sa distance à sept rayons de la terre actuelle, c'est-à-dire, à environ dix mille lieues.

Pour ne laisser aucun doute sur cette circonspection,

circonspection, partons de l'idée grande et vraye, que nous avons déjà fait pressentir, que le fluide qui nous enveloppe doit diminuer graduellement de densité, depuis la surface de notre Planète, jusqu'à ce qu'il se trouve aux frontières d'une autre atmosphère.

Or notre physique moderne a calculé, du moins par approximation, l'échelle de cette diminution graduée de densité.

Boyle, le siècle dernier, fit une expérience, par laquelle l'air, sans l'intervention de la chaleur, se trouva dilaté au point d'occuper un espace 13760 fois plus grand que dans son état naturel : je n'en tirerai point parti en ce moment, parce que je dois laisser là les pas forcés du génie, et ne voir que la marche lente et circonspecte de la nature.

L'air atmosphérique, à quinze lieues de hauteur, se trouve déjà quatre mille fois plus rare, que celui que nous respirons sur les flancs du Caucase. Si l'on s'élève en idée, seulement à trente lieues, la progression est bien plus étonnante : car l'expansion de ce fluide est alors huit millions de fois plus grande qu'au niveau de nos mers. A une telle élévation, on ne verrait occuper que la vingt millième partie d'une ligne, au mercure des baromètres, qui se soutient ici à vingt-huit pouces.

Newton, le grand Newton, couronne toutes ces merveilles, en affirmant qu'un pouce cube de notre air atmosphérique, s'il était transporté à la hauteur d'un demi-diamètre terrestre, c'est à dire, à quatorze cents trente deux lieues, y serait si prodigieusement raréfié, qu'il pourrait occuper en cet état un aussi grand espace, que celui de tout le Système Planétaire jusqu'à Saturne.

Et l'on peut juger de l'effroyable quantité de pouces cubes qui se trouveraient dans le fluide qui nous environne, par le poids entier de l'atmosphère, tel qu'un des Bernoulli l'a évalué. Ce grand astronome suppose que cet Océan aérien équivaudrait à une mer de vif argent, qui entourerait le globe entier, à la hauteur de vingt-huit pouces, et dont le poids total de 6,687,360,000,000,000, ne peut se rendre, comme l'on voit, que par dix-neuf chiffres.

Je ne veux point me prévaloir des calculs combinés des Bernoulli et des Newton, parce que rarement la raison s'éclaire, quand l'imagination s'effraye ; en effet si un pouce cube d'air raréfié, à la hauteur d'un demi diamètre de la terre, pouvait remplir l'espace Planétaire jusqu'à Saturne, c'est-à-dire, une sphère dont l'axe aurait six cents trente-deux millions de lieues, quel serait donc l'aire qu'il occuperait, si on le supposait seulement à vingt diamètres d'élévation ? et quelles bornes aurait dans les déserts du firmament, l'effroyable quantité de pouces cubes qui se trouvent dans la mer de vif-argent de Bernoulli ? ici l'esprit humain s'arrête, parce qu'il croit toucher aux limites de l'infini, qui cesserait cependant de l'être, s'il avait des limites.

Mon objet n'est que de faire pressentir l'énorme influence, que notre atmosphère a pu avoir sur notre Système, lorsque la terre elle-même moins circonscrite dans son étendue, avait une plus grande influence sur son atmosphère.

Or, il est hors de doute, ainsi que nous l'avons déjà une fois démontré, que la terre, à l'époque incalculable où elle fut lancée dans la tangente de son orbite, n'était point, ce qu'elle est devenue par la succession des siècles, un infiniment petit dans la hyérarchie des corps célestes, un globule de 2865 lieues de diamètre.

Cette terre alors n'était qu'un fluide homogène, que le feu raréfiait, et de cette définition dérive peut être la solution de notre problème.

Dans ce fluide homogène se trouvaient

les élémens de tout ce que notre physique imparfaite appelle hétérogène : ceux de la roche vive comme ceux des marbres calcaires : les germes de la végétation et de l'animalité, ainsi que les matrices des métaux.

Or, ce n'est que par la prodigieuse raréfaction, causée par le feu, que tout ce qui nous semble hétérogène a pu être homogène un jour.

Voyons maintenant jusqu'où peut s'étendre cette raréfaction, de laquelle dépend la théorie de notre globe primitif.

Nous sçavons, par les tables Anglaises des élèves de Newton, que si, dans l'échelle de la pesanteur, l'air est désigné par le nombre 1, l'or fin de coupelle l est par 19640 : ainsi cette dernière substance a dû occuper, au premier age du globe, un espace dix-neuf mille six cents trente-neuf fois plus grand, seulement pour être fluide au même degré que l'atmosphère.

Et qu'on ne dise pas que les métaux les plus compacts des corps connus ne se resolvent par la chaleur qu'en un fluide qui conserve sa densité; ce n'est pas le feu vulgaire des creusets, c'est le feu Solaire réuni dans un foyer qu'il faut ici interroger. L'or peut couler, sans augmenter de volume dans le laboratoire d'un chymiste, mais pour juger de sa prodigieuse expansion, il faut observer la vapeur métallique qui s'en élève, quand il se sublime au miroir d'Archimède.

L'homme de génie a rarement de l'or à consacrer à des expériences: mais s'il veut monter un seul dégré de l'échelle, et s'arrêter au mercure, qui a quatorze mille fois la densité de l'air, il se convaincra que les substances les plus compactes peuvent s'atténuer par le feu, jusqu'à former un fluide plus rare que notre atmosphère.

Le mercure se dissémine en molécules si ténues, qu'elles échappent même au microscope. L'Europe sçavante a appris, par les mémoires de ses académies, qu'on avait tiré de ce métal coulant de la racine de quelques végétaux qui l'avaient pompé avec leur sève : on peut juger par là du volume presqu'infini qu'il occupe quand il se raréfie : il n'y aurait point de paradoxe à dire, qu'un pied cube de mercure condensé, remplirait cent lieues au moment où le feu le volatilise.

Mais ne nous occupons ici que de l'air et de l'or, qui sont les deux extrémités de l'échelle.

Nous avons vû que l'or divisé par l'incendie primitif, pouvait former un volume dix-neuf mille six cents trente-neuf fois plus grand pour se confondre avec l'air : or, l'air lui-même, à cette époque, était infiniment moins dense qu'il ne l'est maintenant. Les vues du génie s'accordent, à cet égard, avec les calculs de l'expérience.

L'air aujourd'hui, dans une espèce de modification moyenne, est susceptible à la fois d'une grande raréfaction et d'une grande densité.

Le physicien Hales, à la fin du siècle dernier, condensa cet élément, au point d'occuper 1550 fois moins d'espace, et Newton disait, que si on pouvait venir à bout de mettre en contact ses parties élémentaires, il aurait la densité du marbre.

D'un autre côté, nous venons de voir que l'air naturel, en se raréfiant dans l'expérience de Boyle, avait étendu 13769 fois davantage, sa sphère d'activité. Prenons une moyenne proportionnelle entre la condensation de Hales et la raréfaction de Boyle, affin d'atteindre du moins par approximation la nature du fluide aérien, lorsqu'il était atténué par l'incendie primitif.

La moyenne entre 1550 et 13769, est 7559 : nombre qui pourrait désigner le volume de l'air, à une époque où l'on ne peut atteindre, qu'avec la logique conjecturale des hypothèses.

Ainsi je serais tenté de croire que, lorsque notre globe entier n'était qu'un fluide embrasé, l'air raréfié qui l'enveloppait remplissait au moins autant d'espace que 7560 de nos atmosphères.

Continuons la série de nos calculs, dont une philosophie sage nous pardonnera peut-être la témérité, parce qu'il en résulte une haute idée du pouvoir générateur de la nature.

Nous avons vû qu'il suivait de la théorie de l'embrâsement primitif, que la masse entière de nos mers, volatilisée par le feu, avait dû, pendant des myriades de siècles, rester suspendue autour du globe, en qualité de première atmosphère.

Il s'agirait donc d'examiner, jusqu'à quel point la chaleur peut rendre l'eau expansible, pour se faire une idée de l'espace qu'occupait l'Océan, quand il formait une sphère de vapeurs autour du globe.

Pour ne point trop effrayer l'homme timide, dont la foi ne repose que sur les Cosmogonies des religions, j'avais d'abord résolu d'adopter la faible évaluation de notre académie naissante : elle avait tenté de prouver, au commencement de ce siècle, que quand le feu réduisait l'eau en vapeurs, celles-ci se répandaient dans un espace soixante et dix fois plus grand, que lorsque le fluide condensé coulait en forme de fleuve sur la surface du globe : alors, pour ne point abuser de la crédulité, je me contentais d'étendre jusqu'à la hauteur de soixante et dix Océans, celui qui, à la naissance des ages, nous servait de premiere atmosphère.

Mais la circonspection n'autorise pas l'erreur : des expériences neuves ont rectifié depuis, le faux calcul des fondateurs de notre académie, et il est reçu aujourd'hui de tout ce qui a un nom en physique, que l'eau raréfiée par le feu au point d'être réduite en vapeurs, occupe un espace quatorze mille fois plus grand, que quand elle représente le fluide de la mer ou des rivières.

L'incendie primordial a donc lancé, du moins quand au volume, quatorze mille Océans, tels que le nôtre, dans notre atmosphère.

Mais quelle était la masse intrinsèque de notre Océan primitif? car il n'y a que le délire de l'ignorance présomptueuse, qui pourrait en juger par celui que nous voyons; par ce faible reste de l'ancienne masse des mers, qui voit s'élever au dessus de son niveau, des pyramides de vingt mille pieds, telles que les hautes pointes des Cordiliéres.

Nous verrons, par la suite de cet ouvrage, que l'Océan a changé de nature, en organisant sur le globe tout ce qui ne porte pas l'empreinte de l'incendie primordial : nous reconnaîtrons qu'il a subi toutes sortes de métamorphoses, en passant par les filtres de la végétation et de l'animalité; sa retraite successive et graduée, qu'atteste la géographie de nos continents, deviendra même un des dogmes fondamentaux de notre évangile primitif.

Puisque l'Océan diminue par dégrés depuis un nombre incalculable de siècles, quelle était donc son étendue, lorsque réduit à ses élémens primitifs, il n'avait pas encore organisé la surface extérieure de notre globe ?

Le plus faible des calculs hypothétiques ferait pressentir que l'Océan, quand il descendit sur notre Planète refroidie, s'élevait au moins de 2000 toises, au-dessus des pics inaccessibles de nos montagnes primordiales.

Il faut joindre à ces douze mille pieds, vingt autres mille pour représenter la hauteur de cet Océan primitif, depuis le Chimboraço, la plus haute des montagnes connues, jusqu'au niveau de nos mers actuelles.

Peut-être aussi conviendrait il d'en ajouter encore dix mille, pour la profondeur moyenne de notre Océan moderne : calcul d'autant moins exagéré, que l'ingénieux astronome la Place, en l'évaluant, dans un mémoire d'académie, à quatre lieues de France, semblerait lui en donner soixante mille : et si on nous objectait qu'à la naissance des ages, le lit des mers n'était pas encore creusé, nous représenterions qu'alors le Caucase devait avoir au moins dix milles pieds au dessus de notre Chimboraço : ce qui ne change rien aux élémens du calcul dont s'appuye notre hypothèse.

Les quarante deux mille pieds, où les sept mille toises que nous donnons à l'Océan primitif, étant multipliés par quatorze mille, comme l'exige la théorie de sa réduction en vapeurs, semblerait conduire à faire de quatre-vingt-quatre mille lieues la hauteur du diamètre de cette premiere atmosphère.

Descendons maintenant dans l'intérieur du globe, et examinons les effets de la raréfaction, causée par l'incendie du premier age, dans toutes les substances qu'il renferme.

Les tables Newtoniennes, qui ont fixé le poids de l'air à un dégré, relativement à l'or fin, qui en a 19640, ont aussi soumis à leur balance les corps intermédiaires; elles ont par exemple désigné la pésanteur de l'eau pluviale par mille, celle du nitre par dix-neuf cents, celle du crystal de roche par deux mille six cents cinquante, et celle du diamant par trois mille quatre cents. Ce n'est point ici le lieu de ramener toutes ces substances à leur organisation élémentaire, il suffit, pour faire pressentir leur homogeneïté primitive, d'établir une moyenne proportionnelle entre les deux extrémités de l'échelle.

*Cette moyenne entre l'air et l'or, est 9820 : ainsi au premier coup-d'œil, on s'éloignerait peut-être assés peu de la vraisemblance, (seule vérité pour des temps si prodigieusement antérieurs), en avançant que tous les corps que nous voyons étant raréfiés alors par le feu, et d'une substance homogène, devaient donner près de dix mille fois plus de volume à notre globe.

Mais je suis loin d'abuser de l'extension, qu'un tel principe donnerait à mon hypothèse : quand l'infini sépare notre laboratoire de celui de la nature, le génie est dans la circonspection et non dans l'audace ; comme il suffit d'établir la fluidité des substances terrestres, pour constater leur homogénéité, je me contenterai de choisir dans l'échelle, la pésanteur spécifique de l'eau pluviale, ce qui n'augmenterait que mille fois le volume du globe raréfié.

Avant de descendre à un résultat général, ma franchise doit prévenir une objection, contre la justesse de mes calculs individuels.

De ce que les matières hétérogènes, dont la terre est composée, ont pû, dans un état de raréfaction, ocuper mille fois plus d'espace, il ne s'ensuit pas, dira-t-on, que la terre ait jamais eu elle même mille fois plus de hauteur; car, dans tout corps sphérique, à mesure que les couches s'éloignent du centre, elles perdent en profondeur ce qu'elles gagnent en superficie ; le même fluide, qui du point central du globe s'éleverait à une lieue, n'occuperait qu'une sphère de quelques toises de diamètre, s'il était transporté à la région du Caucase.

Je suis loin d'infirmer ce principe, fondé sur la théorie des fluides, et sur l'expérience: mais en modifiant mes calculs sur la raréfaction des corps, je m'étais réservé d'étendre un peu leur sphère d'activité: j'avais affaibli exprès le volume des mondes que j'organise, afin d'avoir le droit de prolonger leur diamètre.

Parmi plusieurs exemples que je pourrais citer, je me borne à un seul : en admettant le calcul moyen, qui augmente seulement mille fois le volume des substances terrestres raréfiées, j'ai supposé qu'elles avaient toutes

la

le même dégré de raréfaction : or il est
bien démontré, par ces belles loix de Newton
qui nous ont appris le secret du système
de l'univers, que plus un fluide approche
du foyer de rotation, plus le feu le divise :
par conséquent le même corps qui, sur la
surface de notre globe, s'atténuerait par
l'action de l'incendie général, jusqu'à de
venir mille fois plus grand, acquérerait
peut être, dans le voisinage du point central,
une divisibilité égale à dix mille degrés. Cette
théorie embrasse également la raréfaction
de la masse des mers et celle de l'atmosphère.

C'est ainsi que les calculs les plus opposés
se compensent : c'est ainsi qu'en supposant
une raréfaction égale dans les fluides terrestres, je serais autorisé peut-être à multiplier en raison de hauteur, ce qui ne devrait l'être qu'en raison de volume.

Mais malgré ces considérations, je me
propose d'affaiblir, d'après des principes
sûrs, le résultat général, afin qu'on ne

m'accuse pas d'avoir, dans une hypothèse astronomique, sacrifié le monde de Newton au monde de Micromégas.

Au reste, je suis loin de chercher une précision mathématique, dans les bases d'un monde qu'on ne voit que de l'œil de l'entendement : c'est le comble du charlatanisme philosophique dans Buffon, d'avoir mesuré, jusqu'à des fractions de lignes, les petits boulets de ses forges de Montbard, pour en déduire l'organisation d'une Planète, de trente-deux mille lieues de diamètre, telle que Jupiter. La précision est faite pour les infiniment-petits, que nos instruments peuvent atteindre, et non pour les corps célestes qui se meuvent dans les déserts incommensurables de l'espace. Un Réaumur peut mesurer géométriquement des insectes : mais ce n'est que par des à-peu-près, qu'un Newton peut déterminer la marche de tous les Systêmes Solaires autour d'un corps central, qui fait rentrer dans la classe des infiniment petits les magnifiques étoiles de Sirius et d'Orion.

Redescendons sur la terre, et voyons si, en augmentant son influence dans notre Système, nous nous justifierons de l'avoir tirée du rang obscur de Planète secondaire, pour la ranger dans la classe brillante des Soleils.

Notre globe, tel qu'il est aujourd'hui organisé, a, comme l'on sçait, 2865 lieues de diamètre, et neuf mille de tour : mais comme, dans l'origine, il n'était composé que d'un fluide homogène mille fois au moins plus rare que les substances actuelles qui en sont émanées, il s'ensuivrait, si on avait la faiblesse de juger de l'étendue verticale par le volume, qu'il aurait eu à cette époque, 2,865,000 lieues de diamètre.

Mais l'arithmétique ici n'est pas la na‑ ire : et pour s'approcher de cette dernière, ii été obligé de diminuer singulièrement diamètre du globe raréfié, en partant d'après les élémens que ma plume va exposer.

J'ai supposé que le globe terrestre, réduit par le feu à un fluide homogène, répondait à peu prés à mille Océans posés l'un sur l'autre, et dont chacun à part aurait 2865 lieues de diamètre.

Mais chacun de ces Océans excentriques embrassant une plus grande circonférence, il est évident qu'ils doivent diminuer graduellement de diamètre, depuis le second jusqu'au millième : cette série de diminution existe sans doute, mais elle n'offre point de proportion graduée, et il faut se trainer péniblement de calcul en calcul, depuis l'unité jusqu'à mille pour se construire une échelle.

Je me suis dévoué quelques momens à ce travail ingrat, affin de prouver que rien ne me coûte pour constater ce que j'appelle la probité de mes hypothèses, et on verra dans mes notes la marche longue et fastidieuse que j'ai été obligé de suivre pour arriver à la solution du problème.

Or, il résulte du concours de la géométrie et du calcul numéraire des Logarithmes, que mille globes fluides et égaux en volume, superposés successivement sur notre Planète, et diminuant par dégrés de profondeur, lui formeraient une masse, qui aurait encore 14325 lieues de rayon, ou 28650 de diamètre, c'est-à-dire, 87252 de circonférence.

Cette grande influence de notre globe sur son Système, s'augmente de nouveau, si l'on observe la masse des mers, qui compose sa première atmosphère, et que nous avons vû former isolée, une sphère de quatre-vingt quatre mille lieues de diamètre. Cette masse des mers peut se diviser, pour la facilité du calcul, en vingt-neuf Océans, chacun de 2865 lieues de diamètre : et si l'on adopte l'échelle de diminution successive, qui vient de servir de base à notre estimation de la hauteur du globe primitif, toute placée qu'elle se trouvera a environ 87220 lieues, au dessus du sol où nous respirons, elle ajoutera au volume de la terre un diamètre au moins de deux cents soixante et quatorze lieues.

J'espère que cette faible hauteur de deux cents soixante et quatorze lieues, ne fera pas regarder en dédain notre Océan atmosphérique, et qu'on se rappellera toujours qu'il répond, par son volume, à vingt-neuf sphères de la grosseur de notre Planète.

Enfin le fluide aërien, qui entoure la masse des mers, est encore une dépendance de notre globe, et il faut augmenter de ce nouveau poids, la balance où je pèse notre monde.

Nous avons vû cy-devant combien l'hypothése, qui n'étend l'air qu'à sept rayons de la terre, circonscrit la puissance de la nature : ne le prolongeons que jusqu'à trente : c'est la plus faible évaluation que la Physique des Boyle et des Newton puisse adopter : il en résultera que cette nouvelle atmosphére, si elle était destinée à former un globe isolé, présenterait au calcul quarante-deux mille neuf cents soixante et quinze lieues de diamètre.

Mais l'air raréfié dans nos petites expériences de Physique, augmente, comme nous l'avons vû, treize mille sept cents soixante-neuf fois sa sphére d'activité : quelle a donc dû être son expansion, lorsque cet élément était soumis à l'action du feu primordial, dans le creuset de la nature ?

Ne calculons que d'après l'expansion de nos petites expériences : et comme son effet doit diminuer graduellement, depuis le point où l'air est en contact avec notre globe embrasé, jusqu'à celui où il atteint l'atmosphère des autres corps célestes, adoptons, pour exprimer son réfroidissement, la moyenne proportionnelle, que nous avons déjà fait entrer dans nos calculs, et

supposons que l'incendie primitif ne l'a
raréfié, que jusqu'au point d'occuper le volume de sept mille cinq cents soixante atmosphères.

Un globe fluide ayant quarante-deux mille
neuf cents soixante et quinze lieues de
diamètre, et que le feu raréfierait ensuite,
au point de remplir sept mille cinq cents
soixante fois plus d'espace, répondrait à
cent treize mille quatre cents Océans, chacun du volume de notre globe.

Il faut y ajouter les mille Océans terrestres,
et les vingt-neuf de l'atmosphère aqueuse :
ce qui porte le Système total à cent quatorze mille quatre cents vingt-neuf.

Voyons maintenant quel serait à peu
près le diamètre total de tous ces Océans
réunis, d'après nos tables raisonnées d'affaiblissement.

Des Océans, comme notre Planète dans
l'état de fluidité, qui auraient quatorze
cents trente-deux lieues de rayon, n'en ont

déjà plus que quatre et environ quatorze toises, suivant notre théorie, si on les plaçait au dessus des mers réduites en vapeurs qui forment notre premiere atmosphére : et si on calculait la hauteur en tout sens du dernier de l'atmosphére aérienne, son rayon se bornerait à cent cinquante-cinq toises ; d'après ces données, on marche avec quelque sureté à la solution du problème.

Le Système total des cent quatorze mille quatre cents vingt-neuf Océans, offre un rayon de soixante-neuf mille cinq cents quarante-six lieues, onze cents quarante-une toises : ce qui suppose un diamètre de cent trente-neuf mille quatre-vingt-treize lieues, et plus de quatre cents vingt-trois mille cinq cents pour la circonférence.

Voilà donc ce même globe, qu'à peine, à cause de sa petitesse, on apperçoit du Soleil, le voilà, dis-je, qui dans son premier âge surpasse en influence Saturne même, une des Planètes les plus puissantes de notre Système Solaire ! le voilà qui présente à la gravitation des corps célestes une masse de quatre-vingt sept mille deux cents cinquante-deux lieues de tour, sans compter sa mer en vapeurs et son air raréfié, qui constituent ses deux atmosphères !

Un empire si étendu, dans les déserts de l'espace, a de quoi énorgueillir l'homme, qui, tout détrôné qu'il est, pense encore, sur les ruines qu'il habite, qu'il a pu être le roi de la nature.

Et qu'on ne pense pas, en jettant des doutes sur la fidélité de mes calculs, affaiblir la grande autorité des faits sur lesquels repose notre hypothèse.

Toutes les matières primordiales qui existent sur le globe, annoncent qu'il a été organisé par le feu : la Physique n'est rien, si on n'admet pas ce dogme pour base de toutes les Cosmogonies.

Le feu n'a pu pénétrer les substances primitives sans les raréfier, d'après une échelle qui va en diminuant, depuis le centre de rotation, jusqu'à la surface du globe : ce second principe est encore un des dogmes fondamentaux de l'évangile de la nature.

C'est de ces deux grands faits que dérive toute la théorie du monde nouveau que j'organise, et ce n'est pas ma faute si cette théorie est toute neuve : combien j'ai regretté qu'un Newton n'eut pas vivifié de son génie ce champ si riche, sous une surface aride, au lieu de s'épuiser en faux calculs sur la chronologie Grecque, ou de justifier par des rêveries sçavantes, les rêveries religieuses de l'Apocalypse !

Encore une fois, j'ai bâti mon hypothèse sur le roc, et peu m'importe que les ornements accessoires de l'édifice ne reposent que sur l'argile.

Il m'eut été aisé de donner l'apparence la plus imposante à mes calculs, de les revêtir des formes algébriques, et de faire passer jusques dans le texte qui les exprime, la précision scrupuleuse des Logarithmes : alors le géomètre, étranger à ma Cosmogonie, les aurait vérifiés sans me croire, et l'homme du monde m'aurait admiré sans me lire.

Persuadé que nous n'avons pas encore assés d'élémens pour résoudre, avec les formules mathématiques, tous ces problèmes, j'ai cru qu'il valait mieux, après avoir mis quelque précision dans les bases, donner pour les développemens, des tables d'approximation, que l'expérience des siècles rectifiera assés: car je ne doute pas que mes idées, quoique présentées sans tout leur appareil scientifique, ne germent un jour dans le silence des préjugés : la vérité n'a pas besoin des noms des Linné et des Newton, pour être vérité, et un petit nombre de lignes tracées sous sa dictée, par une plume même inconnue, peuvent, après quelques générations, avoir le sort de quelques vers d'Homère, c'est-à-dire, enfanter des volumes.

Achevons de peindre, avec les couleurs de la nature, l'horison nouveau qui se découvre aux yeux du philosophe.

Depuis que j'ai étendu les bornes de notre Planète, l'homme qui a la faiblesse de se croire aussi ancien que sa demeure, doit s'indigner de se voir, ainsi qu'elle, dans la dépendance : fier de l'immensité primitive du globe qu'il habite, il voudrait, sans doute, détrôner le Soleil et se faire le centre d'un Système.

Mais pourquoy attacher une idée servile au mot physique de dépendance ? tout les corps célestes ne semblent ils pas commander et obéir tour à tour ? la Terre est souveraine de la Lune et sujette du Soleil : le Soleil lui-même, entraîné par une force majeure, décrit avec toutes ses Planètes, une Ellipse, autour de la masse centrale qui régit l'univers,

D'ailleurs la Terre, à l'époque même de sa plus grande puissance dans notre Système

Planétaire, ne pouvait se mesurer avec le Soleil, et je dois d'autant plus appuyer sur cette considération, que si notre globe avait eu seul le privilège d'occuper autrefois dans l'espace un rang dominateur, il aurait forcé toutes les autres Planètes de graviter autour de lui, ce qui aurait interverti l'ordre de l'univers.

J'ai prouvé, par mes tables d'approximation, que la Terre, au premier instant où la force de projectile lui fit décrire une Ellipse autour du centre de notre Système, pouvait, réunie à son Océan réduit en vapeurs, présenter à la gravitation des corps célestes, une masse de près de quatre-vingt dix mille lieues de tour, sans ses mers et son atmosphère : mais il ne faut pas croire, qu'à cette époque incalculable à notre faible arithmétique, les autres Planètes fussent de petits corps opaques, tels que nos télescopes les découvrent aujourd'hui : que Mercure, par exemple, ne fut qu'un quinziéme et Mars un cinquième du globe, sur lequel j'organise l'univers.

Chaque Planète était elle-même, dans ce premier age, un Soleil, et la matière homogène qui la constituait, étant raréfiée par le feu, il fallait bien que son volume s'étendît dans une progression physique, en raison de sa masse.

Marchons, la sonde à la main, au milieu de cet Océan, où personne encore n'a navigué, et ne laissons passer aucun écueil, sans le désigner aux géographes.

J'ai dit que chaque Planète fut originairement un Soleil, et il est difficile de ne pas adopter ce résultat, quand tout concourt à démontrer que telle a été l'origine de notre globe, devenu par le laps des siècles un des astres les plus subalternes de notre Système.

L'analogie n'est pas, dans l'ordre de l'évidence, un théorème de mathématiques : mais ici c'est la seule preuve qui reste à la logique de l'homme, puisque la nature n'a pas, comme les cultes religieux, une révélation qui supplée à notre ignorance.

La matière des Planètes, à la densité près, est évidemment la même que celle de la terre ; toutes circulent autour d'un centre commun dans le même sens et presque dans le même plan : elles doivent leur mouvement dans une Ellipse à la même force de projectile : ainsi les mêmes révolutions que notre globe subit, doivent avoir été essuyées par les corps célestes de notre Système, depuis Mercure qui n'est qu'à treize millions de lieues du Soleil, jusqu'à la Planète d'Herschell, qui en compte environ six cents trente six millions dans son Périhélie.

Nous avons vû ci-devant que ce qui constituait une monarchie Solaire, était d'avoir des Satellites dans son appanage ; or, la Terre a une Lune dont elle règle l'orbite : Herschell en a deux, Jupiter quatre, Saturne cinq et un Anneau, qui n'est probablement qu'un qu'un amas de Satellites : on soupçonne la Lune de Vénus, et ce n'est que la petitesse de celles de Mars et de Mercure qui les dérobe au télescope.

D'une idée aussi simple découle la justification de notre théorie, en apparence si paradoxale, sur l'organisation de l'univers.

Puisqu'à l'époque où la Terre était elle-même un foyer de lumières, Mercure, Mars, Vénus, Jupiter, Saturne et l'astre d'Herschell partageaient le même avantage, il faut bien reconnaître que, dans ce premier age, ces six Planètes raréfiées par le feu interne qui les dévorait, n'étaient point telles qu'on les voit aujourd'hui ; et que la matière qui les constitue étant moins dense, devait avoir infiniment plus de volume.

Examinons donc quels sont les élémens de la raréfaction de ces six Planètes, et quoique Mars et Jupiter soient encore des demi Soleils, pour simplifier nos calculs, ne les distinguons pas des astres éteints de notre Systéme.

Des expériences délicates, annoncent que la densité de Mercure est à celle de la Terre, comme 203770 est à 100000 : ce qui est un peu plus du double. Ce principe doit servir de base à la théorie de sa raréfaction.

Nous avons vû que, pour porter la matière primitive de notre globe à la simple raréfaction de la fluidité, il suffisait d'adopter, dans la série des substances, l'espèce de moyenne proportionnelle de l'eau pluviale, qui est caractérisée dans l'échelle par le nombre de mille, tandisque l'air est désigné par un, et l'or fin par dix-neuf mille six cents quarante : ce terme de mille qui convient à la Terre, doit être porté à deux mille dans la Planéte de Mercure, puisqu'elle a le double de sa densité ; alors il faudrait supposer à cette dernière Planéte, dans son premier age, le volume de deux mille Océans, superposés, qui auraient tous son diamètre et par conséquent sa circonférence.

Je cherche donc les élémens de Mercure. Je vois que les astronomes, en fixant son diamètre à onze cents soixante-six de nos lieues astronomiques, ne donnent à sa masse totale que le quinzième de la grosseur de notre globe, et j'établis mon calcul. — Une proportion arithmétique me donne ensuite le rapport de ces résultats, avec ceux de notre Planète, et je trouve en dernière analyse, que Mercure, dans l'état de fluidité, peut se diviser en 814 Océans de 2865 lieues de diamètre, qui font de sa masse une sphère d'un peu plus de 13375 lieues de rayon, et par conséquent de 26750 de diamètre, et de 81466 de circonférence.

Je procède, d'après les mêmes règles, dans l'évaluation des mers de Mercure réduites en vapeurs, et les vingt-quatre Océans qui en résultent, ajoutent cent trente lieues de rayon à la circonférence déjà fixée de la Planète.

Les opérations sur son atmosphère aërienne sont encore moins compliquées : il suffit de prendre trente fois le rayon de Mercure et de multiplier le produit par sept mille cinq cents soixante, pour trouver sa raréfaction ; la division de cette somme par 2865, donne 46152 Océans, qu'il faut porter à 93140, parce que Mercure a un peu plus du double de densité, et augmenter ainsi de tout ce volume celui du corps céleste soumis à notre analyse.

Ma table de diminution successive, qui donne au globe lui-même 13375 lieues de rayon, et qui en ajoute 132 pour sa mer en vapeurs, en fixe 64934 pour le Système général, qui comprend la Planète, ses mers et son atmosphère.

Ainsi on peut établir, d'après ces bases, qu'à l'époque de l'âge primitif, Mercure réuni à ses deux enveloppes marines et aëriennes, offrait à l'action du Soleil, la réaction d'une sphère de 129868 lieues de diamètre, et de plus de 395507 de circonférence.

La méthode de calcul ainsi présentée, je dois me contenter dans un ouvrage qui n'est point un traité d'astronomie, d'indiquer mes résultats pour la théorie de la raréfaction des autres Planètes.

Vénus, qui a 2748 lieues de diamètre, est plus petite que la terre d'un neuvième ; mais sa densité, relativement à notre globe, est dans le rapport de 1275 à 1000 : ces élémens m'ont conduit à donner à cette Planète, vers la période de sa projection, la valeur de 1223 globes comme le nôtre, 37 pour son Océan raréfié, et 135962 pour son atmosphère.

La somme totale du Système de Vénus, en y renfermant ses Océans aqueux et aëriens, peut s'évaluer numériquement par un rayon de 73827 lieues : ce qui suppose à la masse un diamètre de 147654 et 449673 de circonférence.

Nos Cassini et nos Halley n'ont fixé le diamètre de Mars qu'à 1695 lieues : ils ne font son volume que le cinquième de celui de notre globe, et ils établissent son rapport de densité de 73 à 100 : en partant d'après ces données, cette Planète, au moment où elle fut projettée dans la tangente de son orbite, dut former, par son volume, une masse équivalente à 432 globes comme le nôtre : on doit en ajouter 13 pour son Océan raréfié, et 47818 pour son atmosphère.

Le Système réuni du globe, des mers et de l'atmosphère de Mars, supposant 48263 sphères isolées comme la nôtre, offre un rayon total de 52152 lieues, ce qui donne pour résultat 104304 en diamètre, et 317653 en circonférence.

Jupiter, le plus puissant des corps célestes qui gravitent autour de notre Soleil, à 31118 lieues de diamètre ; il est 1281 fois plus gros que notre globe ; mais sa densité relativement à nous, n'est que dans le rapport de 23 à 100 ; ce qui rétablit un peu l'équilibre dans le système de deux raréfactions.

Mes calculs conduisent à donner à Jupiter, raréfié par l'incendie primitif, un volume égal à 2498 globes, de 9000 lieues de tour, j'en ajoute 78 pour la ceinture de mers volatilisées qui l'environne, et 307922 pour son atmosphère.

Il en résulte un Système de 310498 Planètes, comme la Terre, ce qui donne un rayon total de 97002 lieues, et suppose une masse de 194004 de diamètre et de 590894 de circonférence.

Saturne, inférieur à Jupiter, puisqu'il n'a que 28601 lieues de diamètre, est cependant 995 fois plus gros que la Terre : mais il n'a qu'un peu plus du dixième de sa densité : ce qui ne lui suppose, dans son premier age, qu'un volume de 998 Océans superposés : mes tables en ajoutent 29 pour l'enveloppe de ses mers raréfiées, et 113206 pour son atmosphère.

Ces évaluations amènent, pour le Système général, des 114235 sphères de Saturne, un rayon total de 69506 lieues : d'où il résulte que le globe et les deux atmosphères raréfiées de cette Planète, auraient eu en tout 139012 lieues de diamètre, et 423354 de circonférence.

Quoyque la Planète d'Herschell soit découverte depuis trop peu de temps, pour avoir épuisé sur ses élémens, la sagacité des astronomes, cependant des membres éclairés de notre académie lui donnant un diamètre de 12760 lieues, la font 88 fois plus grosse que la Terre, et ne lui supposent que le seizième de sa densité : ainsi en lui transportant le calcul des autres corps de notre Système Solaire, il faudrait égaler son globe raréfié à 280, comme le nôtre, en mettre 8 pour ses mers en vapeurs, et 515667 pour son atmosphère.

Alors le Système de la Planète et des deux atmosphères d'Herschell équivalant à 51854 Terres comme la nôtre, il en naîtrait un rayon total de 45409 lieues, base d'une masse de 90818 de diamètre, et de 276582 de circonférence.

Enfin le Soleil lui-même, centre de la gravitation Planétaire, a dégénéré : car rien n'est immuable dans le vaste sein de la nature, si ce n'est Dieu et la vertu.

Assurément si cet astre de lumière, à l'époque où les Planètes, qui lui semblent subordonnées, furent lancées dans la tangente de leurs orbites, n'avait eu que le volume qu'il a actuellement, c'est-à-dire, 138462 fois la grosseur du globule que nous habitons, avec trois fois moins de densité, il n'aurait pas eu le pouvoir de retenir, dans leurs Ellipses, les astres de son Système, si puissants au premier période de leur incendie, et l'ordre éternel des choses aurait été interverti.

Fontenelle, qui écrivait pour des femmes son charmant livre de la pluralité des mondes, aurait dit ici que la gloire des trônes est inséparable de celle des sujets : mais comme je l'ai déjà fait pressentir, si on adopte la langue philosophique, il n'y a proprement, dans l'espace céleste soumis à notre analyse, ni trône ni sujet; je me contenterai donc de déclarer que, vu la mobilité des formes de la matière, il faut admettre dans tous les corps célestes, un période de splendeur, suivi d'un autre de décroissement, et que si, en soulevant le rideau des ages primitifs, on apperçoit une époque où des astres secondaires eurent une grande énergie, il faut du même coup-d'œil voir la nature étendre la sphère d'activité de leur Soleil.

Il était inutile, pour le développement de ma Cosmogonie, de soumettre au calcul de mes tables le premier age de l'astre dominateur de notre Système : mais on peut aisément pressentir sa prodigieuse influence, quand, conciliant les loix de sa raréfaction originelle avec celles de sa densité, on voit qu'il faut multiplier au moins deux cents cinquante fois une masse ardente, qui a près de quatorze cents mille fois le volume de notre globe, et dix-huit cents quatre-vingt-dix fois son atmosphère, qui, d'après les phénomènes de la lumière Zodiacale, comprend encore aujourd'hui plus de cent millions de lieues dans sa sphère d'activité.

Et si, après avoir considéré chaque Planète isolée, dans son état de raréfaction, on les considérait réunies dans le Soleil, avec près de sept cent mille astres de leur nature, et dix-sept millions de Comètes aussi raréfiées, l'imagination cesserait de s'effrayer de notre ancienne hypothèse, qui porte à dix mille milliards de lieues la circonférence de notre astre central, avant qu'il eut rien perdu de sa substance, et qui étend son atmosphère jusqu'aux frontières des déserts, qui ne sont peuplés que par des Comètes à Hyperboles.

Ces principes généraux ainsi établis, nous verrons bientôt par la structure particulière de notre globe, combien les faits que nous connaissons, se concilient aisément avec ceux que nous ne pouvons que pressentir : notre géographie physique achevera d'écarter les nuages, répandus par la main invisible de la nature sur nos hypothèses, et malgré les erreurs qui pourront échapper à notre inexpérience, nous pourrons nous flatter d'avoir posé, au dessus de l'abyme des siècles, une pierre d'attente, sur laquelle la raison bâtira un jour la première des Cosmogonies.

APPERÇU GÉNÉRAL,

SUR LES VRAIES ÉPOQUES DE LA NATURE.

Buffon, qui fut d'ailleurs un des beaux génies de ce siécle, a calomnié la nature, quand il a trouvé ses époques, dans de petites spéculations romanesques, sur l'organisation de notre Systéme Planétaire, qui gravite obscurément dans les déserts incommensurables de l'immensité : donner aux faibles périodes du développement de notre monde Solaire le nom auguste d'époques de la nature, c'est dire que la durée de l'existence, dans quelques insectes éphémères, constitue la chronologie de l'éternité.

Prenons un vol moins timide que Buffon, pour avoir le droit de placer quelques dattes dans les fastes du règne immortel de la nature.

Grace à la liberté de penser que consacre la révolution Française, l'entendement humain n'étant plus obligé de se traîner servilement sur les pas de ce Moyse, qui a si peu connu la majesté de l'ordonnateur des mondes, nous pouvons, comme s'il s'agissait des Ères de Paros ou du Capitole, tirer d'un marbre authentique la première époque de la nature, et ce marbre est celui de l'éternité.

En soulevant le rideau, qui nous a caché jusqu'ici l'organisation des êtres, nous avons vû que la matière, passant par divers périodes de développement et de dégradation, suite nécessaire de son hétérogéneïté, elle a dû, avant de subir ces innombrables métamorphoses, être homogène; mais si cette matière modifiée, à une durée que l'esprit de l'homme peut fixer, le feu principe qui constitue la matière élémentaire n'en a point : car qu'entend-t on par le berceau de tout ce qui existe ? peut-il y avoir un temps antérieur à la succession des temps ? si le néant avait eu un empire, il aurait eu celui de l'éternité.

La matière élémentaire n'a donc point commencé; tel est le résultat de cent siècles de connaissances accumulées par les philosophes, dans les annales de notre globe; il faut faire divorce avec la saine Physique, et anéantir l'astronomie pour ne pas admettre cette préface de l'évangile immortel de la raison.

Puisque la nature organise les êtres de tout temps, sa toute-puissance a dû s'exercer sur un théâtre sans limites : car le néant, (mot qui n'a aucune acception dans la langue philosophique), n'entoure pas plus ses productions qu'il n'a précédé son berceau : si le néant pouvait exister, il ne désignerait que celui des religions perverses, qui ravalent l'idée des premières causes, jusqu'à les laisser sans effets, pendant la majeure partie de l'éternité.

Cette infinité de l'univers mérite de nous arrêter un moment, parce que sans elle nous ne pourrions lier les dattes primitives, dans la chronologie de la nature.

Il a été permis sans doute aux révélations de faire de l'univers une espèce de prison, circonscrite en tout sens par ces limites imaginaires qu'on appelle le vuide, parce que les fabricateurs des Cosmogonies religieuses, croyaient l'homme le roi de la nature : mais depuis que la Physique a détrôné ce roi, depuis que le Télescope a aggrandi l'espace, et que le génie des Cassini et des Newton a encore suppléé à la faiblesse du télescope, il faut bien secouer les lisières avec lesquelles les fondateurs des cultes ont arrêté l'essor de notre intelligence : il vaut mieux arracher quelques pages au Pentateuque, que de mutiler la vérité et de répudier sa raison.

Moyse a lié la chronologie des étoiles, avec celle de notre petit globe : ce serait le comble du délire, s'il avait écrit sa Cosmogonie pour des Philosophes : les Fixes qui sont d'énormes Soleils, ne sçauraient avoir une origine commune avec la petite masse inerte et éteinte qu'on appelle la Terre : et dans l'hypothèse même, que le firmament entier serait sorti du néant, à la voix de Jehovah, quel en serait le garant pour l'historien des Hébreux ? il en est, parmi ces astres, de si éloignés de nous, que, quoique la lumière parcoure huit mille millions de toises par minute, ils sont près de six mille ans avant de se montrer à l'observateur : assurément Moyse, qui n'écrivait sa Genèse et ses loix, que vers l'an quatre mille, de l'Ere où son Dieu tira tout du cahos, ne pouvait lire dans le ciel, ce qui ne s'y passerait qu'après un intervalle de soixante siècles.

Remercions l'astronomie d'avoir rendu

à l'ordonnateur des mondes, la majesté dont les fondateurs des cultes religieux l'avaient dépouillé : c'est elle qui, en rendant infini le champ ou gravitent les corps célestes, a séparé à jamais la chronologie de notre grain de sable, de celle du reste du firmament. Les premiers élémens de cette science sublime suffisaient, à cet égard, pour préparer une grande révolution dans les idées ; en comparant à diverses époques la position des Fixes, entre elles et relativement à nous, on ne put découvrir aucune trace du moins apparente de leur mobilité : cependant notre petit globe décrivant, dans sa révolution annuelle, une orbite de plus de deux cents dix millions de lieues, s'en rapproche, dans un des points de son Ellipse, de soixante neuf millions de plus que dans l'autre ; mais tel est l'effroyable intervalle qui nous sépare de la première région des étoiles, que cette marche, si étonnante aux yeux du vulgaire, ne change en rien l'aspect du firmament : une route de soixante-neuf millions de lieues dans l'espace, n'est pas même un pas qu'Herschell puisse évaluer avec son télescope.

Achevons de réunir, dans un foyer, toutes les lumières que nous venons de rassembler sur l'infinité de l'espace : car de cette question de Cosmogonie dépend celle de la population des mondes, et par contrecoup la vraisemblance de nos conjectures sur les vrayes époques de la nature.

Depuis que la Planète d'Herschell, qui roulait en silence depuis tant de millions de siècles autour de notre astre central, s'est montrée à nos regards, et quel'astronomie en calculant les élémens de son orbite, l'a supposée d'environ quatre milliards de lieues, le domaine du Soleil, qui vivifie notre globe, s'est singulièrement aggrandi, et on peut maintenant affirmer, sans encourir le soupçon d'audace, que sa monarchie embrasse un espace sphérique de soixante-six milliards de lieues de circonférence.

Cet espace, vû la magnificence de la nature, devant être peuplé d'autant de corps célestes, qu'il peut s'en mouvoir, sans qu'il y ait d'intersections d'orbites, le calcul même de la circonspection conduit, comme nous l'avons vû, à y faire rouler sept cents mille Planètes et dix-sept millions de Comètes à Ellipse, qui, toutes différentes entre elles par leur masse, par leur distance de l'astre autour duquel elles gravitent, par le reservoir de feu principe qu'elles renferment, ne peuvent être contemporaines, ni pour l'origine, ni pour les vicissitudes, ni pour le renouvellement.

Mais un Système Solaire ne sçaurait en toucher un autre : autrement il y aurait des rencontres qui changeraient des Planètes primaires en obscurs Satellites : pour qu'un astre qui s'approche des confins de la monarchie, dont il dépend, ne soit point usurpateur, il faut que chaque Soleil, isolé au centre de sa domination, voye d'effroyables déserts entourer en tout sens ses frontières.

Le désert de notre Système a, dans notre théorie, trois cents vingt milliards de lieues; et comme ce désert, s'il était absolu, répugnerait à la haute idée qu'une raison éclairée se forme du pouvoir générateur de la nature, il est naturel d'y placer ces Comètes à orbites hyperboliques, qui voyagent de Système en Système: l'hypothèse la plus timide compte neuf mille deux cents seize de ces astres Cosmopolites, dans le désert qui sert de ceinture à notre monarchie Solaire : le charlatanisme sacerdotal n'a fixé l'époque de leur origine, ni dans la Genèse, ni dans aucune des Cosmogonies qui servent de base aux religions.

Il semble aux demi-philosophes que l'esprit humain commence à être écrasé, par ces hautes spéculations sur les mondes qui nous environnent : mais à peine ai-je ouvert la mine féconde des merveilles de la nature: tout l'espace que nous avons parcouru, n'est encore qu'un point : notre Système Solaire, avec son empire de soixante six milliards de lieues de tour, et sa population de sept cents mille Planètes et de dix-sept millions de Comètes Elliptiques, quand on y joindrait son désert de trois cents vingt milliards de lieues, que traversent en tout sens neuf mille deux cents seize Comètes à Hyperbole, ce Système, dis-je, tout imposant qu'il est à l'imagination pusillanime du peuple des physiciens, n'est tout entier qu'un point imperceptible, qui se perd dans l'abyme de l'immensité.

Peut-être même ne faudrait-il regarder que comme un autre point, dans l'empire illimité de l'infini, l'intervalle des six Systèmes Solaires, qu'on peut compter, de l'Aphélie de notre globe aux frontières de Sirius ; et cependant ce point ne laisserait pas que d'occuper un rang dominateur, dans notre stérile aritmétique : car il remplit un intervalle de cent six mille quatre cents soixante milliards de lieues, et les six Soleils qui le régissent exercent leur force centrale sur près de deux cents millions de Planètes et de cinq milliards de Comètes à Ellipse, tandis que les déserts intermédiaires s'ouvrent à plus de huit millions de Comètes à Hyperbole.

Poursuivons, en analysant nos recherches antérieures, le vrai tableau de l'univers ; et bâtissons, sur la double base de l'éternité et de l'infinité de la matière, la chronologie si neuve des époques de la nature.

On commence, sans doute, d'après nos spéculations sur les mondes subordonnés à notre Soleil, à se faire une idée juste d'un Système : or à ne consulter que les Atlas célestes de nos derniers astronomes, on ne peut pas compter moins de trente mille Systèmes Solaires dans le firmament, sans compter les dix mille des Nébuleuses, et les sept cents deux grouppes d'étoiles multiples, que nous devons à la sagacité d'Herschell ; il n'y a aucun des astres dominateurs de ces Systèmes, qui ne gravite dans l'espace, avec son cortége ordinaire de Planètes de différents ordres, de Comètes à Ellipse, et de Comètes à Hyperbole.

A peine, quand on a parcouru tout le ciel des Cassini et des Halley, a-t-on atteint la seconde province de cette monarchie de l'infini, qui confond jusqu'à l'entendement du philosophe.

Toutes nos évaluations n'ont porté jusqu'ici que sur des Soleils de la première à la huitième grandeur, et ce sont en effet les seuls qui soient accessibles au télescope : mais des astronomes audacieux, qui sont les seuls raisonnables, quand il s'agit de discuter l'infini, ont prouvé que, de notre globe seulement à la première Voye Lactée, l'espace pouvait contenir des séries d'étoiles, depuis la première jusqu'à la soixante et quinzième grandeur, et quelqu'effort que fasse la circonspection du géomètre pour affaiblir les résultats de cette effrayante théorie, on ne peut se dispenser d'admettre au moins sept millions six cents mille de ces nouveaux Soleils, dont on peut apprécier le cortège d'astres secondaires qui leur sont subordonnés, par les douze mille milliards de Comètes Hyperboliques qui traversent les déserts intermédiaires de leurs Systèmes.

Arrivé à la première Voye Lactée, si on admet les conséquences des découvertes les plus récentes d'Herschell, il faut voir circuler dans cette petite Zône du firmament cent mille milliards de Soleils.

Et cette Voye Lactée n'est pas seule dans l'empire de la nature; derrière elle, le génie en pressent des séries innombrables, dont la grandeur apparente va sans cesse en décroissant, jusqu'à l'approche du Soleil central par excellence, qu'il faut considérer comme la métropole de l'univers.

Maintenant qu'une des scènes du grand théâtre des êtres est pressentie, essayons de soulever un peu le rideau, derrière lequel la nature a travaillé de toute éternité à organiser les mondes.

C'est blasphêmer le nom auguste de la nature, que de faire élever tous les mondes à la fois du sein du Cahos, parce que le Cahos qui n'est que l'absence de l'ordre, n'exista jamais que dans les vers d'Hésiode et dans les premiers versets de la Genèse.

S'il existe une première cause, il faut qu'elle aye à chaque instant des effets ; le pouvoir générateur par essence ne peut se reposer sans s'anéantir : puisque le feu élémentaire a une fois organisé des mondes, il faut qu'il en organise, jusqu'à ce que la nature épuisée appelle un renouvellement.

De ce grand principe, que l'esprit de secte peut nier, mais qu'il ne s. aurait combattre, découle sans effort cette série d'époques jusqu'ici inconnues, que j'appelle la chronologie de la nature.

Dans l'origine de tout (car il faut bien que, pour me faire entendre, j'adopte ce mot contradictoire avec celui d'éternité), dans l'origine de tout, dis-je, il n'y avait rien dans l'univers que d'homogène : alors les mondes, que nos yeux découvrent dans le firmament, ceux en plus grand nombre qui se présentent dans le champ de nos télescopes, les milliards de milliards de Systèmes Solaires que nous n'appercevons qu'avec l'œil de l'entendement, existaient tous, sous la forme de feu-principe dans cet immense réservoir des êtres qui, tout appauvri qu'il est aujourd'hui par d'incalculables générations, est encore le corps central qui régit l'univers.

Telle est la première époque de la nature; sa datte ne s'aurait être fixée même par approximation, car quand on épuiserait non seulement les chiffres d'une arithmétique impuissante, mais encore les signes numérateurs de l'Algèbre, on n'arriverait jamais à des résultats, dont une philosophie mûrie par l'expérience, put s'honorer. Une éternité qui commence, est un problème que la raison humaine est encore trop jeune pour tenter de résoudre.

La durée des époques pour des corps célestes qui s'organisent, est encore un autre écueil où vient se briser la curiosité philosophique; il est bien évident qu'il faudrait vivre l'age d'une Planète, pour la suivre dans tous les périodes de sa longue existence, depuis son émanation du Soleil, jusqu'à ce qu'elle parvienne au dernier degré de densité, qui l'y fera retomber; et ce n'est point à nous, atômes raisonnants, qui, nous agitons le matin sur un petit amas de fange, pour mourir le soir, à lier par des dattes ces fragmens épars des annales éternelles de la nature.

Laissons la création universelle en six

jours, à l'ignorance religieuse, qui a plus besoin de croire que de s'instruire, et contentons-nous d'indiquer en grand la succession la plus vraisemblable des phénomènes célestes : il est possible de poser, d'intervalle en intervalle, un petit nombre de pierres numéraires dans le firmament, sans y graver les chiffres qui en évaluent les distances.

Enfin, par un prodige inexplicable à la faiblesse de notre entendement, une partie de ce qui était homogène, dans le laboratoire infini de la nature, devint hétérogène : dès lors le feu principe projetta hors de son sein tout ce qui avait cessé d'être élémentaire ; les Soleils secondaires allèrent vivifier l'espace, et de ce moment commença la seconde époque de la nature.

Arrêtons nous ici un moment, pour faire observer combien notre théorie, toute neuve qu'elle est, satisfait d'un manière heureuse aux phénomènes jugés jusqu'ici inexplicables dans toutes les Cosmogonies ; et faisons pressentir aux esprits justes, que si la raison ne s'offense pas de mes axiomes sur la génération des êtres, je mérite quelqu'attention sur les probabilités de la chronologie, qui lie leurs époques.

Tant que tout resta homogène, le feu-principe exerçant une action égale sur ses élémens, ne put faire un usage particulier de sa force expansive : car comme il remplissait la grande sphère de l'univers, s'il avait pu projetter quelques corps hors de son sein, il l'aurait projetté dans le néant, ce qui est une absurdité.

Il est on ne peut plus probable, que quand la matière, modifiée par l'action et la réaction de ses molécules élémentaires, devint hétérogène, l'Océan universel de feu-principe se replia sur lui-même, phénomène dont le tableau entier de l'astronomie démontre l'évidence : car tous les corps célestes tendent, par le laps des siècles, à se dégrader, et cette dégradation se manireste par la diminution de volume et par la densité.

Du moment que l'astre central par excellence cessa d'occuper tous les points de la sphère infinie, il put exercer sa force d'expansion sur les masses hétérogènes qui se formaient dans son sein, et les projetter dans l'espace ; alors commencèrent à se développer les germes éternels de l'univers.

Comme la nature ne marche à ses développemens que par des nuances insensibles, il y eut nécessairement des gradations entre ce qui resta homogène et ce qui devint hétérogène : mais nous n'avons besoin, pour asseoir notre théorie, que de considérer trois degrés de l'échelle.

L'univers, à la seconde époque de la nature, consistait principalement en trois fluides, tous émanés de la même source mais tous très-distingués par leurs effets, dont la composition suffit peut-être, pour ne pas rendre problématique l'organisation des Soleils.

Le premier fluide était le feu élémentaire dans toute son homogénéité originelle, parconséquent ne gravitant point, et, grace à sa force expansive, tendant sans cesse du centre à la circonférence. Ce feu principe dominait dans l'astre central, destiné à devenir la métropole des mondes.

Vers la circonférence de la grande sphère de feu, se trouvait un fluide hétérogène, tendant à se réunir en masse, et dont la force centrale l'emportait infiniment sur la force tangentielle ; c'est dans ce fluide que résidaient les matériaux de l'univers.

Enfin l'espace abandonné par l'Océan embrasé, était vivifié par un fluide intermédiaire, où la force tangentielle et la force centrale, à force de se balancer, se trouvaient toutes deux dans un état d'inertie ; voilà l'Ether, ou le milieu non résistant, dans lequel

lequel les corps célestes décrivent leurs orbites.

De la combinaison de ces trois fluides dérivent les premières générations du firmament.

Au second age de la nature, lorsque le fluide hétérogène, qui s'accumulait peu à peu à la circonférence de la grande sphère, tendit à la densité, le feu-principe réuni au centre, et qui ne demandait qu'à déployer son énergie, le projetta à divers intervalles hors de son sein, et le força d'aller circuler dans l'espace, sous la forme de Soleils. Cette projection, effet naturel du mouvement rapide de rotation de la grande sphère sur son axe, devient sensible, même dans l'astronomie de nos mondes dégénérés, par le phénomène admirable des taches-Planètes.

Ce second age est le plus brillant de la nature, parce qu'elle semblait alors dans son adolescence, et qu'elle devait déployer sans reserve toutes ses facultés génératrices;

combien je trouverais de charmes à épuiser toutes les merveilles de sa fécondité ! mais le grand rideau n'est ici qu'entrouvert, et mon amour sévère pour la vérité doit circonscrire l'essor de ma plume : au reste, des vues générales sur ces temps antérieurs à l'organisation de nos mondes Planétaires, suffisent pour échauffer l'enthousiasme, et l'esprit humain s'élève à toute sa hauteur, seulement quand il en pressent l'histoire.

La nature a ce second période, ne lança dans l'espace que des Soleils : car quoique le fluide hétérogène de la grande sphère, fut infiniment moins rare que le fluide homogène du feu-principe, il était encore bien loin d'arriver à la densité : la densité, surtout si elle est absolue, semble l'appanage des corps célestes du dernier ordre, qui, entièrement éteints, vont retomber dans l'astre central qui les a projettés dans l'espace ; pour qu'un Soleil s'éteigne, il faut qu'il n'existe plus de Planètes dans son Système.

Ces Soleils, lancés par la grande sphère de feu, durent l'être dans un nombre fait pour écraser l'imagination humaine : car nous avons vu que la faculté de produire, étant essentielle à la matière élémentaire, cette faculté ne devait jamais se reposer : or les effets sont nécessairement d'autant plus grands, que la cause a plus d'énergie : et de ce que le feu-principe n'eut jamais plus d'intensité, qu'à l'époque où vient de nous conduire l'esprit d'analyse, il s'ensuit évidemment, que jamais un nombre plus effroyable de Soleils, n'émana de son sein générateur.

Ces Soleils durent être projettés, de presque tous les points de la surface de la grande sphère, afin de peupler tous les déserts de l'espace ; et on peut juger des merveilles de cette population, par les milliards de milliards d'étoiles, que nous avons calculées, dans la seule partie du firmament accessible à nos télescopes, dans cette partie qui ne fait peut-être que le demi-rayon de la grande circonférence de l'univers.

Cependant il ne faudrait pas perdre de vue, qu'à ce période des ages primitifs, l'astre central par excellence occupait encore la majeure partie de l'espace : ainsi la projection des Soleils n'a dû se faire, (pour me servir d'une expression bien peu philosophique), que vers les limites de la nature : ce n'est qu'à mesure que l'astre primordial s'est retiré vers le centre de l'univers, que des Soleils intermédiaires ont peuplé les déserts qu'il formait par sa retraite : théorie d'autant plus heureuse, que c'est la seule, où l'on explique la population du ciel depuis le centre jusqu'à la circonférence, et où on évite le blasphème absurde du repos éternel de la nature.

Enfin les Soleils, projettés dans ce second age, durent être des astres à grande masse, c'est-à-dire, renfermant les germes des millions de Planètes et de Comètes à Ellipse, destinées à composer un jour leur Système.

Quand le globe presqu'infini de feu élémentaire eut moins à exercer sa force de projectile, sur le fluide hétérogène qui se formait dans son sein, il la déploya, pour lancer à des distances incommensurables, des corps célestes d'une matière plus rare, destinés à voyager dans les déserts intermédiaires, qui séparaient les empires Solaires, et voilà l'origine des Comètes à Hyperbole.

Ce grand phénomène du feu-principe, déployant en raison des distances, une énergie qu'il n'avait déployée jusqu'alors qu'en raison des masses, est le signe caractéristique, qui distingue ce que j'appelle le troisième age de la nature.

Et il était de la sagesse suprême de l'ordonnateur des mondes, pour que ces Comètes, projettées avec une force incalculable, n'allassent pas se perdre, pour ainsi dire, aux portes de l'univers, qu'elles s'organisassent au troisième age, affin de rencontrer dans l'espace des astres perturbateurs, qui changeant les élémens de leurs orbites, leur fissent adopter une sorte de révolution, autour de la grande métropole de l'univers.

Observons, au reste, que la projection des Comètes à hyperbole ne suspendit pas, dans ce troisième age, celle des Soleils à Système : car à mesure que le grand Océan de feu-principe, perdait de sa substance par de si prodigieuses émanations, il formait autour de lui d'immenses déserts, en se retirant sur lui-même; et il fallait bien que ces déserts se peuplassent d'astres à grande masse, pour qu'il n'y eut pas des vuides trop étendus et des séparations trop tranchées, entre les provinces de la monarchie infinie de la nature.

Jusqu'ici nous n'avons vu de pouvoir générateur, que dans l'astre principe qui a organisé les Soleils et les Comètes à Hyperbole; ce pouvoir maintenant va être communiqué à des astres engendrés, et c'est à ce sceau que la philosophie reconnaîtra le quatrième age de la nature.

Si l'astre central par excellence, renfermait, dans l'origine de tout, les élémens de tout ce qui existe, il est dans l'ordre naturel des choses, qu'un Soleil, projetté dans le firmament, avec tout son feu-principe, sinon parfaitement pur, du moins peu dégénéré, lance à son tour, à divers intervalles, des corps célestes dont il recélait les germes dans son sein ; ainsi la théorie des émanations de l'astre central justifie parfaitement celle des générations des Soleils à Système.

Mais il ne faut pas ici perdre de vue le grand principe, que toute force s'affaiblit en se communiquant; ainsi les Soleils secondaires, ayant beaucoup moins de force tengentielle que le Soleil primitif qui les avait organisés, on ne doit pas attendre d'eux la même énergie dans la projection des masses hétérogènes qui se formaient dans leurs foyers : d'après cette considération, il est évident qu'un astre de second développement, tel que Sirius ou Orion, n'a dû lancer dans l'espace que des espèces de demi-Soleils, destinés à dégénérer en Planètes, et que jamais son feu élémentaire n'a été assés puissant, pour lancer dans les déserts qui séparaient les Systèmes, des Comètes à Hyperbole.

Le nombre des demi-Soleils engendrés, a dépendu de l'abondance du feu principe que renfermait le Soleil générateur ; et cette abondance tenait soit à son age, soit à son volume. Assurément le ressort expansif d'Arcturus ou d'Aldébaran, était bien plus puissant, au commencement de l'époque où s'arrêtent nos crayons, que lorsqu'épuisés par une série perpétuelle de générations, ils touchaient au période où ils ne faisaient plus naître que des taches-Planètes : le volume des astres-principes, devait aussi influer singulièrement sur le nombre de leurs émanations : il est dans la logique de l'astronomie, que l'énorme Soleil de Sirius soumette à sa sphère d'activité cent soixante et quinze millions de Planètes des deux ordres, tandis que notre Soleil dégénéré, qui n'occupe qu'un point imperceptible dans le firmament, régit à peine sept cents mille Planètes dans son Système.

C'est aussi à ce quatrième age, que je suis tenté de rapporter la génération de ces Planètes du troisième ordre, nées des demi-Soleils d'un Système, et que nous connaissons sous la dénomination assés vulgaire de Satellites.

Le fil de notre théorie nous a conduit à observer, que les demi-Soleils, tout dégénérés qu'ils étaient à leur naissance, ayant encore une force expansive supérieure à leur force centrale, purent projetter autour d'eux des Planètes Subalternes, destinées à circuler dans l'orbite qu'ils leur traçaient ; mais comme le feu principe va toujours en se dégradant de génération en génération, à mesure qu'il s'éloigne de sa source, tout me démontre que cette projection de Satellites n'a pu se faire, qu'à un age très-voisin de l'organisation des demi Soleils : ainsi la Lune a dû être presque contemporaine de la Terre, et Saturne n'avait peut-être pas achevé sa première révolution autour de son astre central, quand il lança à cinquante cinq millions de lieues de sa surface, les dix mille Planètes aujourd'hui éteintes, qui forment son Anneau.

Enfin je placerai dans ce même age l'organisation de tous ces petits Soleils sans Système, connus sous le nom de Comètes à Ellipse, que leur peu de masse a pu faire projetter par leur astre central à une plus grande distance, et qui échappant, par la rapidité même de leur course, à l'action de la grande atmosphère Solaire, peuvent parcourir l'espace dans tous les sens et avec toutes les inclinaisons possibles : car il n'en est pas d'un Soleil secondaire, comme du Soleil principe : le premier n'ayant en partage qu'un feu dégénéré, ne peut diviser en deux époques les grands effets de son pouvoir générateur : il faut qu'il projette sans de grands intervalles, les Planètes et les Comètes qui demandent toute l'énergie de sa force expansive, tandis que l'astre central par excellence, après avoir laissé jaillir de son sein, à une première génération, des milliards de Soleils, est encore assés puissant dans une seconde, pour peupler les déserts intermédiaires des Systèmes, de Comètes à Hyperbole.

Seulement il faut bien observer, que les Comètes à Ellipse étant infiniment variées, soit par leur volume, soit par la nature de l'orbite qu'elles décrivent, n'ont pu être projettées à la fois dans le firmament : leurs générations successives ont embrassé sans doute la majeure partie du temps incalculable qui forme le quatrième age de la nature.

Il est aisé de comprendre, comment une Comète qui, comme celle de 1744, traîne une queue de vingt millions de lieues dans l'espace, ayant eu besoin du déployement d'une grande force tangentielle, pour s'élancer du sein de son Soleil, a dû naître, plusieurs myriades de siècles, avant un petit astre à orbe Elliptique sans queue et sans chevelure, qu'Herschell a peine à atteindre avec son télescope.

La nature de la révolution de la Comète met encore une grande différence dans l'époque de la projection : nous avons vû qu'il en est, comme celle de 1770, qui achèvent leur Ellipse en cinq ans et demi, tandis que la fameuse de 1680 en compte cinq cents soixante et quinze dans sa période : or il est évident, qu'un astre qui n'a pu être lancé qu'à quelques millions de lieues, du foyer solaire, ne doit pas aspirer à la généalogie, de celui qui en compte cinq milliards sept cents mille, au dernier point de son Aphélie.

Telle est l'espèce de succession, que la nature semble avoir observée dans ses ouvrages : succession qui, au défaut de monuments historiques qui sont impossibles, semble consignée dans les fastes de la physique générale et dans le grand livre de l'entendement humain.

Il ne faut point parler ici d'une époque postérieure, à laquelle nous tenons peut-être, depuis dix mille siècles, de cette époque, où l'astre central de l'univers, prodigieusement réduit par une série infinie d'émanations, ne projette plus que de petits corps célestes sans Système, prêts à s'éteindre, tandis que les Soleils, répandus autour de lui dans l'espace, ne lancent eux-mêmes que des masses éphémères dépourvues de force tangentielle, qui, après quelques révolutions, retombent dans le foyer où ils se sont organisés, pour servir d'aliment à un feu que le laps d'une partie de l'éternité a dégénéré. Cette époque tient à un ordre de choses que non seulement notre raison, mais encore nos sens peuvent atteindre, et il faut attendre que les Cassini et les Halley de cent générations ayent rassemblé, à cet égard, une chaine d'observations et de faits, pour fixer, d'une manière moins conjecturale, cette partie de la première des Chronologies.

Toutes nos idées en Cosmogonie, peuvent être classées, en établissant, comme nous l'avons fait, quatre fanaux dans la nuit profonde de l'éternité.

La première époque sera celle où tout était homogène : où le feu-principe, libre de toute entrave, et fier de sa pureté élémentaire, remplissait l'univers entier qu'il vivifiait de sa présence : l'imagination, plus féconde que l'Arithmétique et l'Algèbre, peut prolonger cette période, autant que le permet la haute idée qu'une raison perfectionnée se fait de la magnificence de la nature, pourvu qu'on ne la dégrade pas en lui donnant une origine : car il n'y a point de premier anneau, dans la chaîne infinie de l'éternité.

A la seconde époque, il y a dans l'univers quelque chose d'hétérogène : alors l'astre central par excellence reconnaît des limites, et il projette de tous les points de la grande sphère, ces milliards de Soleils; gros des Planètes et des Comètes de leurs Systèmes, qui vont peupler l'espace, que le Soleil-principe laisse désert par sa retraite. Cette période pourrait être calculée, parce qu'elle a une origine et une fin ; mais il faudrait pour s'en faire une idée, vivre au moins l'age d'un Soleil, et un appareil scientifique de chiffres, ne vaut pas à cet égard l'aveu raisonné de notre impuissance.

Le pouvoir générateur de l'astre principe

s'est déployé, à la seconde époque, en raison des masses, mais à la troisième il se déploye sur-tout en raison des distances : c'est alors que les grandes Comètes à Hyperbole s'élancent dans les déserts qui séparent les empires des Soleils, et iraient atteindre les limites du firmament, si la ligne droite qu'elles parcourent n'était courbée sans cesse par des astres perturbateurs ; la durée de cette période est ensevelie dans une nuit aussi profonde que celles qui précèdent, et on ne peut la fixer qu'avec l'imagination romanesque de Cyrano de Bergerac, ou avec l'arithmétique futile des époques de Buffon.

Enfin le dernier age est celui où tous les Soleils du second ordre, font naître les Planètes et les Comètes à Ellipse de leur Système, tandis que les Planètes elles-mêmes font jaillir de leur sein dégradé, ces astres, éteints presque dès leur naissance, que nous nommons des Satellites. Cette époque qui caractérise une nature déjà bien éloignée de son adolescence, embrasse un intervalle effrayant de siècles, et l'épuisement des principes générateurs dans tous les corps célestes qui nous entourent, épuisement que manifeste notre Soleil, en n'organisant plus que des taches, annonce assés que nous touchons à sa fin; cependant notre petit globe, mort entièrement à la nature animée, sera probablement déjà retombé dans le sein de son astre central, quand une nouvelle période de temps amenera la vieillesse du Système général des êtres, ou plutôt son renouvellement.

Cette spéculation, sur les quatre premiers ages de l'univers, me semble une des moins téméraires, que l'imagination philosophique puisse hazarder, en parcourant les Terres Australes de la Cosmogonie.

A mesure que nous quitterons l'univers intellectuel, pour nous occuper de l'univers sensible, des demi-lumières succéderont aux ténèbres; mais ces demi-lumières ne nous autorisent pas encore à fixer des dattes même conjecturales, dans les annales de notre Système primitif.

Par exemple, nous avons eu raison de faire pressentir que le Système Solaire, où gravite notre petit globule de neuf mille lieues de circonférence, pouvait avoir été projetté dans l'espace, à une période de la plus haute antiquité : et cette hypothèse avait pour base l'extinction absolue des dix-huit-vingtièmes des Planètes visibles, qui y décrivent leurs orbites, la faiblesse de la force de projectile qui reste à notre Soleil, et sur-tout l'épouvantable éloignement où nous sommes de l'astre central, invisible pour nous, quoique sa gravitation puissante fasse décrire, autour de lui, une Ellipse, à notre assemblage de sept cents mille Planètes et de dix-sept millions de Comètes. Mais ces probabilités, sur l'antiquité effrayante de notre Système, ne peuvent nous conduire, qu'à la supposer du commencement de la seconde époque de la nature ; toute chronologie un peu plus précise, dut elle ne datter que par siècle, serait un blasphème.

C'est à la quatrième époque, que notre Soleil, pressé de projetter les masses hétérogènes qui se formaient vers la circonférence de sa sphère, fit jaillir de son sein tous les astres de son Système : mais il n'existe aucune loi, d'après laquelle on puisse assigner des dattes aux effets de sa force tangentielle : tout ce qu'on peut assurer, c'est que la projection des sept cents mille Planètes et des dix-sept millions de Comètes, n'a pas été simultanée : ainsi que le prétendent les poëtes philosophes qui organisent l'univers, avec la parole de Jéhovah, avec des cubes qui se brisent, ou avec des impulsions obliques de Comètes.

Et si, parmi les astres de notre Système Solaire, on s'arrête seulement à ceux qui sont connus de nos astronomes, on peut bien jetter quelques idées vagues sur l'antériorité des unes sur les autres, mais non mesurer, même par approximation, les intervalles : c'est ainsi que Mercure, la plus dense de nos Planètes, et dont la force de projectile semble totalement enchaînée par la force centrale, est évidemment sorti du foyer Solaire, infiniment plutôt que Mars et Jupiter, qui sont encore des demi-Soleils : mais il faut s'arrêter à cette idée générale : plus de précision dans les détails, n'annoncerait que du charlatanisme philosophique : car vingt chiffres de siècles ne sont qu'une unité dans l'arithmétique d'une pareille Chronologie.

Par une autre raison, bien différente de celle qui assure l'antériorité de Mercure, par la raison de la masse, Saturne qui, à une grosseur supérieure de près de mille fois à notre globe, joint l'avantage d'avoir projetté de son sein sept Satellites, et les dix mille astres qui composent son Anneau, est surement un des astres les plus vieux de notre Système : sa distance même, du foyer de son astre central, ajoute une nouvelle preuve à l'antiquité de son origine : car il a fallu une force étonnante de projectile, pour lancer une pareille masse à trois cents trente millions de lieues, dans les déserts de l'espace.

Et ce dernier motif de distance ferait croire qu'Herschell le dispute en antiquité à Saturne, Herschell, qui, quoique six fois moins massif que cette Planète, décrit son orbite, à trois cents six millions de lieues plus loin qu'elle, presqu'aux frontières de l'empire Solaire, et dans le voisinage des déserts incommensurables, qui ne sont peuplés que de Comètes à Hyperbole.

La Terre et Vénus sont nées, dans notre Système, des myriades de siècles après Mercure, Saturne et Herschell : mais il n'y a aucune identité dans leur origine, à cause de la différence d'inclinaison dans leurs orbites, différence qui devient au reste une pierre d'achoppement pour toutes les spéculations, où l'on fait fondre la statue de la nature d'un seul jet, comme l'ont tenté Moyse et Buffon.

Notre globe, plus ancien que Vénus, parce que, malgré son rapport de volume et de densité, il a été lancé à pres de dix millions de lieues plus loin que cette Planète, a eu encore le privilège de voir naitre, dans l'intervalle de sa longue vie, non seulement Mars, mais encore l'astre énorme de Jupiter, celui des corps célestes à qui sa masse donne le plus d'influence sur notre Système: et cette nouveauté d'origine dans ces deux dernières Planètes, résulte, d'après notre théorie, du phénomène des Zônes mobiles, qui caractérise leur conflagration actuelle, et par conséquent le rang de demi Soleils qu'ils occupent encore dans le firmament.

A suivre l'ordre naturel de la projection des Planètes connues de notre Système, il faudrait donc peutêtre mettre Mercure à

leur tête : je me sers du mot conjectural
PEUT-ÊTRE, parce que si l'extrême densité
de ce corps céleste fait pressentir son antique extraction, son peu de volume, et sur-
tout sa faible distance du corps central semblent le ramener à des temps plus modernes ;
mais si on peut placer Mercure à son gré au
premier ou vers le dernier dégré de l'échelle
Planétaire, il n'en est pas de même des astres
intermédiaires ; tout me persuade que Saturne est une des premières émanations de
notre Soleil, ensuite Herschell, et, d'après
des intervalles que notre raison est trop
jeune pour calculer, la Terre, Vénus, Jupiter et enfin Mars, le rejetton le plus nouveau de la généalogie.

Vers le temps, où ces Planètes commençaient à circuler dans l'espace, et peut-être
après un petit nombre de rotations autour
de leur axe, elles projettèrent plusieurs de
leurs Satellites : tout me porte à croire que
notre Lune est née, après la première révo-

lution de la Terre, et que la plupart des Satellites de Jupiter et d'Herschell, sont presque contemporains des demi-Soleils qui les ont organisés.

Quant à Saturne, j'incline à penser, qu'au premier moment où il déploya toute sa force tangentielle, il projetta, à la distance de cinquante-quatre mille lieues, cette Zône continue de Planètes qui constitue son Anneau : comme l'organisation de plus de dix mille astres, le long d'une ceinture de quatre cents mille lieues de circonférence, devait avoir épuisé ses principes générateurs, il est probable, que ce ne fut qu'un grand nombre de siècles après, que ce demi-Soleil lança ses Satellites dans le firmament ; et il commença par celui qui demandait de sa part la plus grande force de projectile, par le cinquième, qui gravite à huit cents huit mille lieues de lui, pour finir par le premier, dont l'orbite n'est qu'à soixante-sept mille lieues de sa surface.

Le premier volume de cet ouvrage était imprimé, quand le monde astronomique a retenti d'une nouvelle conquête d'Herschell dans le firmament : on a appris qu'on devait à ce musicien Allemand la découverte de deux nouveaux Satellites de Saturne ; mais comme les élémens de leurs orbites, n'ont pas été calculés ; le peu de notion que nous avons sur leurs distances, nous empêche de faire entrer les dattes conjecturales de leur génération, dans nos époques.

Cet apperçu général sur la chronologie des mondes, devrait se terminer peut-être, par la solution du problème philosophique sur l'antiquité de la Terre ; mais ce n'est que l'examen approfondi de la structure de ce globe qui peut nous fournir les bases d'où cette solution dépend. Marchons encore quelque temps, la sonde des faits à la main, pour ne point nous égarer dans cet Océan souvent sans fonds, et presque toujours sans limites ; et en multipliant des recherches laborieuses sur l'origine de la scène petite et étroite où le genre-humain joue un moment, justifions l'audace de nos conjectures, sur l'organisation des milliards de globes célestes, qui composent le théâtre éternel et infini de la nature.

DE LA MASSE INTÉRIEURE
DU GLOBE

Maintenant que le lit du fleuve est creusé, il suffit d'abbattre la digue qui retenait ses eaux captives, pour que, de lui même, il s'y précipite.

On verra, non sans étonnement, avec quelle facilité tous les phénomènes se lient, du moment qu'on admet la plus simple des hypothèses.

Non que cette hypothèse d'une Planète organisée par le feu, et revivifiée par l'eau, soit à l'abry de toute atteinte du scepticisme: mais toute idée grande sur les premiers principes de la nature, est toujours sujette à une foule de difficultés, et le Système, dont je me défierais le plus, est celui qui n'en aurait point, ou qui les léverait toutes.

D'ailleurs la difficulté ne roule ici que sur les époques précises, soit du globe incendié, soit du globe travaillé par les mers : car il est rigoureusement démontré, par la nature des substances qui le composent, que le feu et l'eau ont été les agents de son organisation interne et des révolutions qu'a essuyées sa surface.

Les premiers phénomènes qui doivent se présenter à un œil observateur, sont ceux que la nature a opérés, à la naissance des ages, par l'intermède du feu.

Or, c'est au feu qu'on doit les élémens de la matière qui constitue la masse du globe, et ses montagnes primordiales.

Ce principe si hétérodoxe, aux yeux du tribunal de la Propagande, qui voulut enchaîner la raison dans la personne de Galilée, est aujourd'hui adopté par tous les bons esprits ; dont la foy ne repose que sur les vérités éternelles de la physique et de la nature.

Aussi ne revient-on pas de son étonnement, quand on voit Délius, le meilleur minéralogiste de l'Autriche, partir de la composition secondaire des monts Krapacs, pour affirmer que la roche calcaire est la base du noyau du globe, ainsi que de ses montagnes primordiales.

Méconnaître l'ouvrage du feu dans la charpente vitrifiée de nos grandes chaînes, et dans le massif sur lequel elles reposent, c'est voir la nature, non avec les yeux du génie, mais avec ceux de la Propagande.

Pallas, bien meilleur apôtre de la nature que Délius, ne plie point les faits à l'hypothèse théologique du déluge : « d'après
« nos connaissances, dit-il, sur le Caucase,
« sur les Alpes, sur l'Apennin, sur les
« monts circulaires de la Bohême, sur les
« chaînes de la Sibérie et sur les Cordillères,
« on peut admettre en axiome, que les plus
« hautes montagnes à chaînes du globe sont
« faites de cette roche qu'on nomme Granit..

« c'est le Granit qu'on trouve au dessous
« des plus profondes couches des monts
« calcaires, et souvent dans les terres basses,
« où ces couches sont enlevées par la vio-
« lence des inondations : c'est lui qui forme
« les grands plateaux, et pour ainsi dire, le
« cœur des plus grandes Alpes du monde
« connu : de sorte que rien n'est plus vrai-
« semblable que de prendre cette roche
« pour le principal ingrédient de l'intérieur
« de notre Planète.

Il semblerait, par ce texte, que la matière élémentaire du globe est le Granit :
mais du moment qu'on admet la précision
mathématique dans la physique, il faut rec
tifier cette théorie de Pallas : le Granit n'est
point une substance pure : il est composé
de Quartz, de Mica, de Schorl, de Feld-
Spath et de Stéatite : ainsi on doit chercher
une substance plus homogène, pour en faire
la charpente intérieure de notre Planète.

J'ai dit, qu'à ses premières révélations

autour du Soleil, la Terre n'offrait, de son
point central à sa surface, qu'un fluide
embrasé : mais ce fluide, après que sa
partie la plus subtile, telle que l'air et l'eau
se fut volatilisée, forma dans la suite une
substance compacte, à peu près comme
notre verre factice en fusion ; sans cela il
serait difficile de se figurer, quelle force aurait soutenu presque dans les airs, les
énormes massifs de nos montagnes primordiales.

Ce fluide originairement fut homogène ;
car les loix de l'hydrostatique nous ap-
prennent, qu'un fluide quelconque ne sçaurait avoir un mouvement rapide de rotation
sur sa ligne centrale, sans projetter aux extrémités de sa sphère, tout ce qui a pu s'y
joindre d'hétérogène : d'ou il résulte que
la masse qui succéda au fluide, quand il
se consolida, fut d'autant plus pure, qu'elle
s'éloigna davantage de la surface du globe,
théatre des grandes révolutions de la nature.

Malheureusement l'or des rois, ni le génie des artistes, n'ont pu atteindre encore ce massif homogène, qui forme proprement le squelette du globe, et nous sommes réduits à décomposer pour ainsi dire, avec le creuset de la Chymie, le Granit extérieur des montagnes primitives, pour avoir quelques lumières sur la nature du massif qui leur sert de base.

Buffon, qu'il ne faut que lire, quand il fait des Systèmes, mais qu'il faut lire et croire, quand il fait des expériences, Buffon, dis-je, d'après un grand nombre de phénomènes rassemblés sur l'organisation des minéraux, regarde le Quartz ou la roche vive, comme la substance fondamentale du Granit; le Mica n'est qu'une exfoliation de ce Quartz, lorsque sa couche extérieure qui se refroidissait, éprouva les premières influences de l'atmosphère; ce n'est encore que la sublimation du fer et d'autres matières hétérogènes, qui a dénaturé cette substance

tance primitive en la métamorphosant en Schorl et en Feld-spath. Pour la Stéatite, terre onctueuse et pesante, disseminée d'ordinaire autour des fragments de Quartz, elle est d'une formation trop postérieure, pour la confondre avec les élémens du globe.

En général, il ne faut point juger du Quartz primordial par les petites masses décrépitées de cette matière qui sont entrées dans la composition du Granit, ni par ses roches, altérées par les vapeurs, qui servent de gangue aux métaux, ni enfin par la transparence de quelques-uns de ses fragments qui, décomposés par l'action de l'eau, ont pris la forme de crystal. Toutes ces substances, quoiqu'ayant le Quartz pour base, sont trop éloignées de l'organisation élémentaire, pour en former la masse intérieure de notre Planète.

Le Quartz, parfaitement homogène, ou, selon la dénomination de la physique moderne, la roche vive, constitue vraiment le massif du globe; et à cet égard, l'astronomie, l'hydrostatique et la minéralogie concourent à nous dévoiler la nature, qui se cache dans les entrailles de la terre aux yeux de l'observateur.

Ce qui donne un grand poids à ce principe, c'est qu'on rencontre souvent de cette roche vive, soit dans les hautes chaînes qui la prolongent, soit sur le sol des vallées qui tiennent à ces chaînes : tel est, dans le dernier cas, le banc de dix mille toises de Quartz blanc, qu'on voit dans le canton de Salvert en Auvergne : le sçavant Bowles en a trouvé dans le terrein de la Nata en Espagne, une veine, qui après avoir couru dans la plaine l'espace d'une demi-lieue, va se perdre dans le sein d'une montagne.

D'autres naturalistes ont trouvé la roche vive dans les Vosges, et dans les Alpes du Dauphiné. Un physicien moderne atteste que le Grimsel en est formé presque tout entier. C'est sur cette montagne primitive de la Suisse, qu'on trouve une des plus belles variétés du Quartz; c'est-à-dire, le Crystal en masse : on y voit entre autres ce superbe bloc, observé long-temps par le célèbre Haller, qui pesait 695 livres.

A l'inspection du Grimsel, le philosophe aurait droit de conclure par analogie, que la roche vive forme le noyau du Caucase, de la chaîne Ouralienne, des Cordilières et des autres montagnes primordiales.

La roche vive constitue non seulement l'essence du Granit, mais encore celle du Jaspe, qui n'en est guères distingué que par les particules métalliques qui l'ont coloré, et celle du Porphyre, qui admet le Jaspe, le Schorl et le Feld-Spath dans sa composition. Le Jaspe, le Porphyre, ainsi que le Granit paraissent, soit en blocs, soit en grandes masses, et non seulement ils émanent de cette roche vive, mais encore, posés immédiatement sur elle, ils y tiennent comme à une matrice : partout où on ren, contre ces trois substances, on peut assurer qu'on approche de la matière élémentaire du globe.

Quoique la roche vive se rencontre quelquefois à peu de distance de la surface de nos plaines, cependant il est de la plus grande probabilité qu'il faudrait pénétrer à une très-grande profondeur, pour atteindre cette substance homogène, jusques dans l'énorme massif qui constitue la charpente intérieure du globe.

Cette profondeur serait celle que j'ai indiquée, en traitant de la géographie souterraine. Il faudrait descendre dans l'intérieur de la Terre, jusqu'au point où elle commence à éprouver les grandes révolutions qu'elle doit à la pression des mers, à l'action des feux volcaniques et aux influences de l'atmosphère.

L'Océan en se creusant un lit, a dû, dans les parages où ses flots se trouvent resserrés, ronger le sol qu'il pressait, jusqu'à la naissance de cette roche vive. Ainsi c'est en sondant ces abymes des mers, que l'ignorance croit inaccessibles, qu'on découvrirait le secret de la nature, dans l'organisation intérieure de notre Planète.

De pareilles expériences se feraient avec quelque succès soit dans des détroits, soit dans des parages où règnent des courants : c'est-à-dire, partout où le fond des mers n'est pas tranquille, et où par conséquent les dépôts successifs ne peuvent se former ; ce n'est en effet qu'alors qu'on pourrait se flatter d'atteindre le sol vierge, sur lequel notre monde mobile repose.

On reconnaitrait l'approche de ce sol vierge, par le sable primitif qui le couvre ; car on sent que l'Océan n'a pu presser longtemps la roche vive sans l'atténuer, et sans la diviser en une foule innombrable de petites particules, dont les angles ont été brisés par le frottement. Ces particules, qui ne sont que du Quartz décomposé, constituent ce que j'appelle le sable primitif.

La physique ne nous a point encore fourni d'échelle graduée, pour désigner avec précision, où commencent les limites de la roche vive dans l'intérieur du globe : mais si l'on a suivi avec quelqu'attention la chaîne de nos idées, si l'on se rappelle combien il est probable, que le théatre de nos révolutions physiques se termine à la base des montagnes primordiales, on en pourra conclure que le massif dont la recherche nous occupe, n'a pas son origine à une profondeur plus grande que trois mille toises.

Et s'il fallait asseoir une théorie générale sur des probabilités physiques, qui seules peuvent ici suppléer aux expériences, je la réduirai à ce petit nombre de principes, qu'il est plus aisé de craindre d'admettre que de renverser.

La masse intérieure du globe doit être formée de roche vive : c'es-ta-dire de la substance la plus homogène qui ait pu résulter du refroidissement de la Terre originelle, lorsqu'elle était en fusion.

Cette roche naturellement doit s'étendre depuis le point central, jusqu'à celui où commence la plus grande profondeur des mers : ce qui supposerait un massif circulaire, de deux mille huit cents soixante lieues de diamètre.

Le Quartz, qui semble constituer le noyau de toutes nos grandes chaînes de Granit, ne serait, dans cette hypothèse, que l'appendice de cette énorme sphéroïde de roche vive, sur laquelle notre monde à révolutions est appuyé.

Pour les grands bancs de Quartz que le naturaliste rencontre quelquefois à fleur de terre dans nos continents, ils sont évidemment l'ouvrage des grands bouleversements de la nature, s'ils sont isolés, et s'ils reposent sur des couches de formation secondaire : mais dans le cas où ils atteignent par leurs extrémités, les grandes chaînes de Granit; il faut les considérer comme des appendices des montagnes primordiales.

Quelle que soit la théorie qu'on admette, c'est toujours une espèce d axiome, dans la philosophie des premières causes, que la Terre, décomposée par la physique, porte évidemment l'empreinte d un fluide long-temps en fusion, et qu'ainsi cette Planète aujourd'hui opaque, et d une densité qui annonce son antique dégénération, brilla originairement dans l'Espace en qualité de Soleil.

DES MONTAGNES
PRIMORDIALES.

La nuit commence à se dissiper dans les premières époques de notre Cosmogonie.

On entrevoit, en suivant la chaîne de nos idées, que puisque le feu et l'eau se sont tour à tour partagé l'empire de notre demeure, il doit y avoir une barrière éternelle, entre les effets de l'action insensible des mers et les produits de la conflagration du globe.

Cette barrière s'offre aux observateurs les moins clairvoyants, quand ils jettent tour à tour les yeux sur les montagnes secondaires et sur les grandes chaînes des monts primordiaux.

Les chaînes qui forment la charpente de

nos continents, n'offrent aucune trace d'une origine aquatique : on ne voit dans leurs squelettes décharnés aucun vestige de couches horisontales : leurs interstices ne sont point remplis de détriments de coquilles : ce sont d'énormes massifs qui semblent avoir été coulés par la nature d'un seul jet, et qui n'admettent d'autres scissions que des fentes perpendiculaires, nées de la retraite de la roche vive, à la première époque de son refroidissement.

D'autres caractères distinctifs se montrent, lorsqu'après avoir observé l'ensemble des deux espèces de montagnes, on soumet à l'analyse les parties qui les constituent : par exemple le marbre des chaînes calcaires et le Granit des chaînes primordiales.

Le Granit est une substance compacte qui fait feu avec l'acier : le marbre presque mol dans la carrière, ne se durcit que par l'action de l'air, et le plus simple contact d'une pointe de fer, y laisse son empreinte;

un feu violent réduit le Granit en verre, et le marbre en chaux ; si on arrose le Granit d'une liqueur acide, il est refractaire, si on fait l'expérience sur le marbre, il en est rongé.

Voilà une ligne de démarcation bien marquée, et c'est en vain que des physiciens voudraient rapprocher les produits de l'eau et du feu, en faisant entendre que les monts Granitiques ne sont peut-être que des substances originairement calcaires, qui ont perdu avec le temps leur air fixe et leur phlogistique : tous ces petits subterfuges du philosophe à préjugés, qui pour ne pas paraître écrasé par les faits qui contredisent ses spéculations, se rejette sur de frivoles conjectures, ne demandent pas une réfutation approfondie. Jamais l'essence des matières élémentaires, ne change sous la main qui les décompose : jamais nos petits laboratoires de Chymie ne viendront à bout d'anéantir les parties constituantes de la masse intérieure du globe et de ses montagnes primordiales.

Ces montagnes primordiales, vers l'origine des ages, ont dû, comme nous l'avons vû, être lancées sur la surface du globe, par la force centrifuge, qui naît de la rapidité du double mouvement circulaire d'un fluide autour de son axe, et autour d'un centre de Système : mais l'imagination a besoin de se reposer un moment sur le calcul, pour ne pas s'effrayer à la vue d'un phénomène qui l'écrase.

Toutes les grandes chaines de Granit, répandues sur nos trois continents, se croisent ou se correspondent, à quelques intervalles près, qu'il faut dédaigner d'apprécier, quand il s'agit d'une circonférence de neuf mille lieues ; elles forment à peu près un seul massif, qui a dû être projetté d'un seul coup, sur les flancs du globe qu'elles semblent surcharger. On peut juger de la grandeur de ce massif par la seule chaine des

Cordilières, qui s'étend depuis la pointe des terres Magellaniques, jusqu'au golfe de Darien, dans un intervalle de dix-sept cents lieues, sur près de quarante de large et environ six mille toises de hauteur, en comptant depuis la pointe la plus élevée de ses cimes, jusqu'à la base de roche vive sur laquelle elle repose. On se figure difficilement qu'il y ait dans les entrailles de la terre, une force assés grande pour élever une si épouvantable masse ; on croit qu'une matière pleine d'énergie qui tourne rapidement sur elle même, n'a pas pû soulever les Cordilières, parce que l'architecte Fontana eut tant de peine, dans Rome moderne, à mettre debout un obélisque, avec ses léviers et ses contre-poids.

Cependant la saine philosophie consiste à proportionner toujours les effets aux causes. Il semble, que de ce que l'homme, qui n'a pas six pieds de taille, ne peut changer de place un rocher, il n'en faudrait pas conclure qu'un globe ne peut pas être sillonné d'éminences de deux lieues et demie de hauteur, en vertu de la force expansive de ce même globe, qui a 25,859,089 lieues quarrées de surface.

Les montagnes de Granit nous paraissent colossales, parce que leur tête cachée dans les nuages, n'est accessible qu'à l'Aigle et au Condor : mais il n'y a point de colosse pour un monde qui s'organise : tout est d'une taille gigantesque aux yeux d'un être de six pieds, tandis qu'il n'y a que des infiniments-petits aux yeux de la nature.

Les cimes les plus hautes des montagnes primordiales, ne s'élèvent guères, (si on fait disparaître les fractions,) qu'à trois mille toises, et qu'est ce que trois mille toises, sur un globe qui en a 6,540,795 de diamètre ? c'est une toise sur deux mille cent quatre-vingt : ce qui ne ferait guères que la cinquième partie d'une ligne, sur une sphère de deux pieds et demi de diamètre.

Notre vue se fatigue à mesurer la hauteur du Chimboraço ou du Mont-Blanc, parce que nous rampons au pied de la vallée que ces pyramides naturelles dominent : mais plaçons-nous en esprit à une distance, de laquelle nous puissions contempler un hémisphère entier, par exemple à l'origine de l'orbite de la Lune, et la Planète de la Terre nous paraîtra de la plus parfaite égalité sur toute sa surface.

Il n'y a donc que le génie étroit des physiciens vulgaires, qui circonscrive assés le pouvoir de la nature, pour la croire incapable de projetter un massif de deux lieues et demie, en y comprenant la base, du sein d'un globe embrasé qui en a neuf mille de circonférence.

Ces massifs, qui originairement n'étaient que de roche vive, se sont modifiés, par l'action des élémens, en Jaspe, en Porphyre et en Granit.

Le Jaspe, une des plus belles variétés de

la roche vive, parce qu'il n'en est distingué que par les vapeurs métalliques qui le colorent, se trouve en grandes masses dans les hautes chaînes de notre continent. Un Naturaliste de Paris en a vû des blocs énormes dans les Vosges. Le laborieux Gmelin en a escaladé une montagne entière en Sibérie ; le sage Pallas en a rencontré des espèces de carrières, dans une ramification de la chaîne Ouralienne : et on sçait, en combinant les récits des voyageurs, qu'il y en a des bancs entiers, qui hérissent la partie méridionale du Caucase.

Le Porphyre, né de la réunion du Jaspe, du Schorl et du Feld-Spath, compose une des plus précieuses substances qui doivent leur origine au feu primitif : mais il s'en faut bien qu'il soit aussi répandu sur le globe que le Jaspe : on n'en connait guères en grandes masses, que dans une carrière de la Dalécarlie Orientale et dans cette Thébaïde Egyptienne, qui a fourni les énormes colonnes

colonnes de la Mosquée de Sainte Sophie
à Constantinople.

C'est le Granit, qui, de toutes les substances du globe élémentaire, est le plus dis-
séminé, sur tous les points de sa surface :
il forme en Europe des masses de plusieurs
lieues quarrées, à fleur de terre : il constitue
en Asie la charpente de ses plateaux, et se
grouppe en pyramides, dans presque toutes
les chaînes de ses montagnes primordiales.

On se doute bien que le Caucase, la
montagne mère de notre monde animé, est
une masse énorme de cette matière primitive : et en effet le grand naturaliste Pallas,
qui a rassemblé, à cet égard, les observations
et les lumières des derniers voyageurs, dit
en propres termes, que cette chaîne EST
UNE DES PLUS HAUTES ÉLÉVATIONS DE GRANIT
QUI EXISTE SUR NOTRE GLOBE.

Ce qui est vrai du tronc primordial, l'est
aussi de ses branches : on retrouve le Granit
dans la composition du Taurus, de l'Im-

maüs, de l'Ararat, et sur-tout de cette branche-mère, que les indigènes appellent Bogndo ou LA SOUVERAINE, dont les pics, supérieurs à la région des neiges, dominent sur toute l'Asie Septentrionale.

Les grouppes des montagnes colossales qui sont au nord des Indes, et dont le Tibet et le royaume de Cachemire paraissent hérissés, sont tous Granitiques, ainsi que leurs rameaux, qui se distribuent entre tous les grands fleuves de l'Asie.

Le sçavant Danois Niebhur, n'a trouvé qu'un Granit rougeatre et à gros grains, dans la composition de ce mont Sinaï, moins célèbre par les merveilles de sa minéralogie, que par celles du Pentateuque.

Le Granit est encore l'élément de cette fameuse chaîne Ouralienne, qu'un enthousiasme religieux des peuples qui l habitent, fait nommer LA CEINTURE DE LA TERRE, mais qui n'est, suivant Sthralemberg, que la ceinture d'une partie de l'Asie, que vers ces climats, elle sépare de l'Europe. Le célèbre Pallas dit en propres termes : que LA BASE DES MONTS OURALIENS EST FORMÉE DE SUBSTANCES VITRIFIÉES : il ajoute, qu'on y rencontre des hauteurs, QUI SONT TOUTES DE ROCHE VIVE : on ne recusera pas ce voyageur, qui a vu la nature par ses yeux, et qui l'a vue en philosophe.

Il est difficile de présenter un grand nombre d'autorités de poids, sur la composition Granitique des montagnes de l'Afrique, parce que le centre de ce continent est encore plus inaccessible par ses feux, que les Alpes ou les Cordilières par leurs glaces : cependant on peut juger de la chaîne centrale par celles de la lisière. Nous connaissons par Richard Pockoke, les carrières immenses de Granit, dont l'Égypte tirait la matière de ses monumens : Cook a observé, à propos des rochers de l'isle de Kerguelen, qui sont composés d'une pierre dure, entremêlée de particules de roche vive, que cette substance, UNE DES PRODUCTIONS LES PLUS UNIVERSELLES DE LA NATURE, remplit les montagnes du Nord de l'Europe, des Canaries, et du Cap de Bonne-Espérance : et nous venons d'apprendre par le voyage de l'intrépide le Vaillant, que le Granit pur était la base du mont de la Table, qui s'élève à 3600 pieds, au dessus du niveau de l'Océan qui baigne ses racines.

Nous avons des notions encore moins directes, sur la composition primitive de la grande chaîne du nouveau monde, que sur celle des montagnes de l'intérieur de l'Afrique. Notre Europe, pendant plusieurs siècles, ne s'est occupée de ce continent que pour le piller, le calomnier et l'abrutir : ce n'est que vers 1736, époque des voyages académiques, pour la mesure des dégrés du Pôle et de l'Équateur, que de bons esprits ont commencé à pressentir, que l'Amérique pouvait avoir une histoire naturelle : or si on lit avec attention les écrivains de poids, qui depuis un demi-siècle ont étudié cet hémisphère, tels que Bouguer, le Comte Carli et dom Ulloa, quoique leur objet n'ait pas été la décomposition philosophique des montagnes, il en résultera toujours que le Granit est la substance élémentaire des Cordilières.

Dampier et Cook, nos seuls historiens des Terres Australes, n'ont guères fait que les cotoyer : l'intérieur de ce monde, qui s'élève du sein des mers, a échappé à leurs recherches : cependant ils ne nous laissent pas dans une ignorance tout-à-fait absolue, sur la substance élémentaire de ses chaînes primordiales : Cook, par exemple, dit que le Mica rouge, et d'énormes blocs de roche vive, constituent le massif des montagnes centrales de la nouvelle Calédonie.

Quand même des yeux physiciens n'auraient jamais décomposé les chaînes du nouveau monde et des Terres Australes, il n'en faudrait rien conclure contre l'universalité de notre principe. La nature toujours simple dans ses opérations, parce qu'elle s'y montre toujours grande, ne s'est sûrement pas démentie, en formant ces côtés de la charpente du globe : si elle a organisé les éminences primordiales de l'Asie avec le feu, elle n'a pas employé un autre agent pour organiser celles des autres continents; elle ne crée pas deux mobiles, quand avec un seul elle imprime le mouvement à l'univers.

Au reste, le phénomène que l'Asie nous fait pressentir dans la composition des antiques montagnes, qui composent sa charpente générale, se montre encore plus à découvert, quand on examine sans préjugé les grandes chaînes de l'Europe.

Si vous tournés vos regards vers le Nord de notre continent, Forster vous dira, que le sol de presque toutes les montagnes qu'on voit à l'est et à l'ouest du Groënland, ainsi que dans les isles au delà du détroit de Davis, est composé de Mica et d'autres roches primitives.

Descendés vous vers la Suède ? Ferber vous montrera le Granit rouge de ses montagnes, il vous prouvera qu'un Granit plus commun, compose l'architecture des chaînes de la Norwege et de la Laponie, et il suivra la trace de cette substance primitive, jusques dans la charpente des pics de la Bohême; et des monts les moins accessibles de l'Allemagne.

La France est peut-être plus riche encore en Granit : nous n'avons pas même besoin d'entasser à cet égard les autorités ; nous connaissons les blocs de cette substance, qu'on a trouvés dans les Vosges : nous sçavons qu'une partie de la Bretagne est appuyée sur ce massif primordial ; tout nous dit que le Granit constitue la charpente des montagnes d'Auvergne, du Dauphiné, du Languedoc et de cette partie des Alpes Françaises, qui forment ce que nos physiciens appellent le monde ancien de la Bourgogne.

Au reste notre théorie s'élevera encore plus, de l'ordre des probabilités à celui de la démonstration, quand nous nous arrêterons quelques momens, sur les montagnes que nous parcourons le plus volontiers, telles que les Apennins, les Pyrénées et la chaine des grandes Alpes.

Ferber, le seul des mille et un voyageurs en Italie, qu'il faille consulter, quand on veut connaître sa minéralogie, a trouvé le Granit dans la composition des montagnes du Tirol, de celles qui bordent le lac de Côme, de celles qui servent d'amphithéatre au Lac Majeur, et en général de toute la chaine qui sépare l'Italie de l'Allemagne.

Le judicieux Bowles qui, à plusieurs égards, est le Ferber de l'Espagne, a rencontré la même substance primordiale, non seulement dans une crête des Pyrénées, mais encore dans les monts Carpentins et dans les montagnes de Saint Ildephonse et de l'Escurial.

On est d'abord tenté, en voyant la grande crête calcaire des Pyrenées et sa Brèche de Roland, de croire que cette belle chaine est toute entière l'ouvrage de l'Océan qui l'a organisée, il y a des myriades de siècles, dans le sein de ses abymes.

Il est certain que la crête principale des Pyrenées est formée de matières secondaires, sur une longueur de douze mille toises; notre hémisphère, comme l'ont reconnu des physiciens voyageurs, ne présente dans aucune des chaines, que l'œil du genie a observées, un monument aussi prodigieux du travail des mers sur la surface du globe.

C'est encore de matières calcaires, qu'est composée cette grande muraille de rochers, qu'on appelle la Brèche de Roland, et qui sépare la France de l'Espagne; la tradition populaire, qui n'a sans-doute pour fondement que nos romans chevaleresques de la Table Ronde, veut que Roland, monté sur son coursier de bataille, se voyant arrêté dans sa course victorieuse par ce rempart de montagnes taillées à pic, tira de son fourreau son épée formidable, et y fit une brèche, qui a au moins 300 pieds d'ouverture.

Nous n'avons pas besoin de l'épée phantastique de Roland, pour nous ouvrir un passage au travers des roches calcaires des Pyrénées; mais la faulx philosophique, qui détruit les préjugés, nous est nécessaire, pour ne pas confondre, dans le même méchanisme d'organisation, les éminences secondaires des Pyrénées et ses montagnes primordiales.

Les physiciens qui ont le mieux apprécié cette chaine, ont dit en propre termes que TOUT ÉTAIT GRANIT, dans sa charpente principale.

Les douze mille toises de matières secondaires, la Brèche de Roland, et toutes les éminences de ce genre, ne sont que des dépôts marins qui sont venus, pendant un grand intervalle de siècles, s'addosser au Granit des montagnes dominantes, ainsi qu'on le voit dans toutes les grandes chaînes, comme celles de l'Oural, de l'Immaüs et des Alpes.

Et si on m'objectait le Mont Perdu, la plus haute cime de la montagne calcaire du Marboré, ou plutôt de toutes les montagnes calcaires connues des trois mondes, puisqu'elle s'élève à 1710 toises au-dessus de la Méditerrannée, je répondrais avec le physicien ingénieux qui l'a escaladée : CE MARBORÉ SEMBLE ÊTRE UN OUVRAGE A PART; ON DIRAIT QUE LES PYRÉNÉES ÉTAIENT ACHEVÉES DEPUIS LONG-TEMPS, QUAND IL FUT ORGANISÉ.

C'est sur tout dans la chaîne des Alpes Helvétiennes, regardée avec raison comme la plus grande élévation de notre continent (tel qu'il est actuellement configuré), qu'on voit régner en plus grandes masses le Granit des montagnes primordiales.

J'ai vû moi même, aussi bien que les Coxe, les Bourrit, les la Borde, les Deluc et les De Saussure, du coté de la vallée d Ursaren, dans un désert sauvage, jonché des débris de montagnes renversées, la Reuss se frayer avec fracas une route fangeuse, entre d'immenses blocs de Granit, accumulés les uns sur les autres, et qui semblent le champ de bataille de la guerre des géants contre Jupiter.

J'ai vû cette masse épouvantable de Granit de quatre-vingt pieds de haut, sur mille pas de front, qui surplombe l'endroit le plus majestueusement horrible, du passage du mont de Saint-Gothard.

J'ai vû, au travers des neiges éternelles qui les couronnent, le Granit composer le pic inaccessible des Charmos, dans le district de Chamouny, ainsi que ce mont-Blanc, qui s'élève au centre des Alpes, comme le plus magnifique des obélisques de la nature.

Le Granit, suivant un des meilleurs naturalistes de la Suisse, forme la plus haute arrête de la chaîne centrale des Alpes.

Il est difficile, je le sçais, d'aller, pour s'en convaincre, porter le marteau du mineur dans ces régions glacées, où l'aigle elle-même respire à peine; mais l'œil suffit pour suivre ce procédé de la nature dans l'organisation des Aiguilles.

Le mont-Blanc, devant lequel toutes les hauteurs de la chaîne s'abbaissent, semble une fortification aërienne, flanquée de tours, de quinze à dix-huit cents toises d'élévation perpendiculaire, qu'on nomme des Aiguilles. Tous ces pics décharnés, entre autres celui du Géant, sont les plus énormes blocs de Granit qui existent dans les trois mondes; et quand, à cet égard, le témoignage des yeux paraîtrait suspect à l'observateur, il se rendrait sans doute à l'évidence, en foulant aux pieds les fragments de cette substance primitive, qui se détachent sans cesse des flancs ou du sommet des Aiguilles, pour former des lits immenses de décombres, au pied d'un des monuments les plus gigantesques du globe.

Le Granit des Alpes, des Pyrénées, de la chaîne Ouralienne, du Caucase, est certainement la substance de toutes les montagnes primitives, que nous ne connaissons que par le rapport vague de l'histoire, et que nous ne pouvons classer, que sur les probabilités philosophiques de l'analogie.

Plus ce Granit des monts organisés par le feu est élevé, plus il est vraiment Granit, c'est à dire, substance composée. Il se simplifie à mesure qu'il descend dans les entrailles du globe : on reconnaît ce changement successif dans les fouilles profondes des mines. Le Granit devient à chaque instant plus homogène, et s'évanouit enfin, en prenant la nature de la roche vive, qui sert de base à toutes nos grandes chaînes. Ce fait ajoute un poids immense à notre théorie sur la masse intérieure du globe, et sur ses montagnes primordiales.

Cette théorie n'a commencé à être soupçonnée par nos physiciens, que depuis un petit nombre d'années, parce que les yeux des voyageurs vulgaires, fixés sur une vaine superficie, ne sçavaient point pénétrer dans la structure intérieure d'une montagne primitive : parce qu'ils prenaient pour e monument original de la nature, quelques accidents étrangers, dus aux métamorphoses d'une matière qui se modifie, ou aux influences de l'atmosphère.

Un des phénomènes qui a le plus contribué à égarer jusqu'ici les philosophes à système, c'est que sur les flancs d'une montagne organisée par le feu, on en rencontre très-souvent une autre, dont les couches horisontales annoncent l'ouvrage des eaux. On a mieux aimé attribuer un ensemble aussi visiblement hétérogène à un même agent, par exemple, au prodige inexplicable d'un déluge universel, que de supposer qu'originairement toutes les éminences du globe étaient de roche vive, et que, plusieurs myriades de siècles après, l'Océan, s'étant creusé un lit, à lui-même adossé les montagnes secondaires aux montagnes primordiales.

Il semble d'abord plus difficile d'expliquer, comment des roches primitives se trouvent quelquefois posées de champ, sur des couches secondaires : ainsi qu'on l'a observé, dans deux hauteurs subalternes des Alpes, séparées par un torrent qui arrose la vallée de Courmayeur.

Cependant une inspection attentive détruit bientôt l'induction, que pourraient tirer de ce fait les amateurs du merveilleux : tels que les astronomes qui inondent notre globe avec la queue d'une Comète, ou les Théologiens qui l'organisent avec les eaux d'un déluge.

Il est d'abord avéré par la position de ces rochers étranges de Courmayeur, qu'à une époque qui se perd dans la nuit des ages, ils furent réunis par une montagne intermédiaire, que quelque bouleversement de la terre a renversée.

Il est aussi aisé de s'appercevoir que ces petites éminences sont à une légère distance du Mont-Rouge, qu'on regarde comme le second feuillet pyramidal des bases du Mont Blanc.

D'après ces connaissances physiques, il est évident que le Granit des roches de Courmayeur, n'a point été organisé sur des couches calcaires : c'est une simple superposition. A l'époque où la montagne, qui les unissait, disparut, la même secousse du globe fit rouler, soit des flancs du Mont-Rouge, soit de la cime du Mont-Blanc, ces deux blocs énormes qui s'arrêtèrent sur le plateau d'une éminence secondaire. Il n'y a rien de plus simple, quand on voit les phénoménes avec ses yeux, et non avec le prisme des Systêmes.

Le sçavant Ferber partait sans-doute de cette théorie, quand il écrivait que les blocs de Granit ou de roche vive, qu'on trouvait dans les vallées du Tirol, avaient été originairement arrachés des montagnes primitives, qui couronnent cette partie de l'Italie. En effet l'Adige et la Brenta qui y prennent leur source, avant de se creuser un lit, étaient au niveau de ces masses de Granit; et c'est à cette époque, qu'ils les ont détachées de leur base, et fait rouler sur les couches calcaires, où aujourd'hui elles reposent.

Quelquefois, c'est un tremblement de terre, qui, en secouant les flancs d'une montagne primitive, a fait rouler au loin d'immenses blocs de Granit, qu'on est étonné de rencontrer, dans des vallées dont les eaux ont évidemment travaillé la surface. On voit des preuves, soit de la cause soit de l'effet dans les gorges des Pyrenées.

Je suis surpris que Pallas, accoutumé à voir en grand dans la minéralogie, ait hésité à assigner de telles origines à des roches Granitiques, qu'il a trouvé isolées dans les plaines de la Russie. Ces causes ne sont point indignes d'un génie observateur ; elles lient ensemble tous les rameaux isolés d'une idée génératrice.

Il faut bien aussi, quand on ne veut pas recourir en physique à la baguette des prodiges, expliquer par des tremblemens de terre, ou des convulsions extraordinaires du globe, la position sur un sol marécageux, de cette masse de Granit de trente-sept mille pieds cubes, que le génie de Falconnet a fait servir de base dans Pétersbourg, à la statue colossale de Pierre-le-Grand.

Il n'y a rien de plus simple, et par conséquent de plus vraisemblable que ces principes, soit sur le Granit accidentellement isolé, soit sur celui qui sert d'appuy aux collines secondaires, soit sur celui qui constitue essentiellement la masse des montagnes primordiales.

Ces spéculations nous conduisent à rejetter les divisions arbitraires des naturalistes, qui créent de nouveaux ordres de montagnes, quand leur génie se refuse à lier ensemble les phénomènes de la même classe.

C'est ainsi que nous abandonnons les MONTAGNES INDÉTERMINÉES de l'ingénieux De Luc. Il donne ce nom étrange à des éminences évidemment de composition secondaire, mais sans traces de corps marins, qui recouvrent souvent les montagnes primitives, quoiqu'elles n'en soyent jamais recouvertes : PROBABLEMENT, dit-il, IL Y A EU DES FONDS DE MER, OU LES ANIMAUX MARINS NE SE PLAISAIENT PAS. --- C'est avec de pareilles saillies, que Voltaire a quelquefois gâté ses mélanges de physique, et Fontenelle son badinage sublime de la pluralité des mondes.

On peut ne pas plus respecter les GRANITS SECONDAIRES de Buffon, que les MONTAGNES INDÉTERMINÉES du physicien De Luc ; ils sont formés évidemment des débris du Granit en grandes masses, et leur entassement, loin de l'antique sol qu'ils surchargeaient, ne donne pas le droit de les distinguer des montagnes primordiales.

Une erreur non moins importante de Buffon, et qu'il partage avec le sçavant Pallas, c'est l'opinion, que les sommets des monts primitifs n'ont jamais été surmontés par les eaux : théorie contradictoire avec les premiers principes de ses époques, et dont la logique, ainsi que l'apperçu des phénomènes, démontrent la fausseté.

Si l'on a suivi avec attention la chaine de nos idées, on a vu, qu'à une époque de l'age de notre Planète, inaccessible à tous les calculs, lorsque la surface du fluide embrasé qui devait se convertir en roche vive, s'est refroidie, au point de recevoir les eaux sans les rejetter en vapeurs, l'Océan relégué dans l'atmosphère est descendu sur le globe, et y a fixé à jamais son séjour et le théâtre de ses influences.

Si cet Océan avait trouvé sur toute l'étendue de la terre, une surface plane, il est évident qu'il l'aurait couverte uniformément, à une hauteur que du moins par approximation la physique peut évaluer.

On a supposé aux mers réunies une profondeur égale de six cents pieds, et on a trouvé qu'en faisant du globe une plaine continue, les eaux le couvriraient jusqu'à la hauteur de douze cents. Cette masse des mers considérée isolée, composerait, d'après ce même calcul, une sphère de soixante lieues de diamètre.

Mais cette évaluation n'a aucune exactitude, dès qu'on est en haute mer; il n'y a presque point de parage où la sonde donne moins de six cents pieds de profondeur; et nous avons vu, par les expériences des Dampier, des Marsigli et des Ulloa, que d'ordinaire cette profondeur devait être calculée, en raison de la hauteur des montagnes qui bordent les continents : ainsi vers l'Isthme de Panama, où les Cordilières partagent les deux Amériques, l'Océan pourrait avoir de profondeur, jusqu'à trois mille toises.

D'après la moyenne proportionnelle, établie entre six cents pieds et trois mille toises, on peut affirmer que le premier calcul est au moins quatorze fois trop faible, et faire ainsi couvrir la surface plane du globe, par une masse de mers de deux mille huit cents toises de hauteur.

Mais la raison et les faits, comme on le verra par la suite de cet ouvrage, nous démontrent que la masse des mers diminue graduellement : si donc en partant de la plus faible des évaluations, nous observons que depuis plusieurs myriades de siècles, que l'Océan est descendu de l'atmosphère sur notre Planète, il a dû diminuer de moitié, nous serons conduits à donner une élévation commune de cinq mille six cents toises à la masse des mers, répandue sur notre terre, à cette époque primordiale.

Maintenant, si nous réfléchissons que cette surface du globe n'était pas exactement plane, parce que dès que le fluide embrasé, qui le formait, commença à s'épaissir et à se consolider, il avait dû projeter à ses extrémités, ses chaînes primitives, nous trouverons, que quand l'Océan condensé vint presser de sa masse notre terre refroidie, il dut couvrir de ses vagues, à une grande hauteur, les pics les plus élevés de nos montagnes.

Ces montagnes, je le sçais, ont abaissé leurs cimes : phénomène qui fournira un nouveau chapitre à notre théorie ; mais en combinant cet abaissement avec la place qu'occupaient, au milieu des mers, les chaînes mêmes des montagnes primordiales, il en résultera toujours que l'Océan, dans ces premiers ages, surmontait au moins de deux mille toises les sommets du Caucase, des Alpes et des Cordilières.

Buffon a appuyé l'hypothèse contraire par une erreur de fait : il a dit en propres termes : qu'a quelque niveau qu'on prit les Granits primitifs, on ne trouvait jamais dans leur intérieur aucun indice de productions marines et de coquillages. Il semble que ce beau génie n'aye jamais lu les livres qui contrariaient ses Systêmes favoris, ou peut-être que son imagination ardente se plut, en lisant ces livres, à les refaire.

Tous les naturalistes connoissent la brèche d'une montagne voisine de Genève, qu'on nomme les Voirons : quoiqu'elle soit composée de matières primordiales, on y trouve des Madrépores.

Collini, dans son important ouvrage des Considérations sur les montagnes Volcaniques , atteste l'anecdote du bloc de Granit , trouvé par le physicien Habel en 1770, entre Wiesbaden et Idstein, et qui renfermait dans son noyau une coquille pétrifiée.

Je crois pouvoir affirmer, qu'on ne trouvera jamais des dépouilles marines dans la roche vive, parce que cette substance homogène s'est consolidée , avant la descente des mers sur le globe ; mais le Granit qui admet dans sa composition le Quartz , le Mica, le Schorl , le Feld-Spath et la Stéatite, a pu, pendant que l'Océan s'agitait autour des roches primordiales , admettre dans son sein un grand nombre de coquillages. Ce phénomène est rare sans doute : mais il fait une partie essentielle des élémens de la théorie du globe.

D'ailleurs, comment Buffon a-t-il pu nier, qu'on ne trouvât, dans des circonstances rares , des productions marines incorporées avec du Granit, puisque lui-même en admet , dans la composition du Porphyre, une des variétés de la roche primordiale ?

« On connait, dit cet homme célèbre, « ce Porphyre rouge qu'on a transporté à « Rome, du palais des Pharaons : il est « plein d'une quantité infinie d'Oursins de « mer, représentés par de petits points « blancs, au centre desquels se trouve un « point noir, image du Syphon, qui passait « autrefois à travers le piquant » — Buffon, qui a vû de telles merveilles, dans la substance du Porphyre, n'a légué à personne son microscope.

Le Porphyre antique, tel que nous le dépeignent les aigles de la minéralogie, est parsemé de taches blanches, qui ne sont que des grains d'un sable primitif, incorporés dans sa masse : ce qui annonce que cette substance, née avec le monde, a dû être fluide, quand elle a admis des corps étrangers dans sa composition : mais assurément le Porphyre n'a point été organisé par les eaux, comme le ferait entendre le texte du Pline Français sur le monument des Pharaons.

Si Buffon a réellement vû des empreintes de piquants d'Oursins de mer, disséminés sur toute la surface de sa colonne, on peut prononcer, sans crainte d'être désavoué par les Ferber, les Cronstedt, les Bergman et les Daubenton, que c'était du marbre rouge, production naturelle des mers, et non du Porphyre, qui tient par sa composition au berceau du globe.

Le torrent irrésistible de la vérité m'entraine: j'aurais voulu, dans cette théorie du monde primitif, n'avoir jamais à parler des erreurs de Buffon, qui, quoique bien inférieur en connaissances naturelles aux beaux génies que je viens de citer, a eu le mérite rare de voir en grand toute la minéralogie, et de la lier par ses derniers rameaux, à un Système imposant de Cosmogonie.

Le globe, malgré l'erreur d'un homme supérieur, qui sçavait bien mieux parler de la nature que la dessiner, a donc dû être recouvert dans sa jeunesse de la masse des mers, bien au dessus des rochers Granitiques qui couronnent ses chaines primordiales.

Outre l'empreinte accidentelle de quelques corps marins dans les blocs de Granit, on trouve encore, de temps en temps, d'autres traces du séjour des mers au dessus des montagnes primitives.

Le lecteur de la reine d'Angleterre, De Luc, possède une empreinte de corne d'Ammon, dans une ardoise qu'il a ramassée lui-même, dans les Alpes de la Savoye, à la hauteur de 7844 pieds, au dessus du niveau des mers ; et le sçavant Espagnol, Dom Ullon, a touvé des coquilles pétrifiées, à une élévation plus grande encore : c'est à-dire, à un pic des Cordilières de la province de Wanca-velica, dont il était gouverneur, où le baromètre annonce une hauteur de 2200 toises.

Si les traces du séjour des mers sur les pics des montagnes primordiales, ne sont pas plus nombreuses, il ne faut s'en prendre qu'à la pression corrosive de l'air ambiant et des glaces ; à mesure que l'Océan s'est retiré, les pics ont perdu l'enveloppe qui retenait les dépouilles marines; leurs flancs à découvert se sont dégradés, et il n'est plus resté qu'un squélette décharné qui annonce aux naturalistes la vieillesse du globe.

DES MONTAGNES
SECONDAIRES.

Les montagnes secondaires sont les vraies archives du séjour de la mer sur notre globe.

Il semblerait d'abord que le fil de ma théorie devrait me conduire, à épuiser ici toutes les questions relatives à ce séjour : telles que la formation des couches horizontales, la structure des lits de coquillages, la retraite successive de l'Océan, la naissance de la végétation sur un sol imprégné de sucs générateurs, celle de l'homme que le génie et le besoin ont fait roi de la nature, etc. Mais plusieurs considérations m'obligent à détacher cet anneau de la chaîne naturelle de mes idées, pour le lier à une partie non moins essentielle de cet ouvrage.

D'abord, traitant ici des diverses classes de montagnes, si j'épuisais toutes les questions que fait naître l'organisation des montagnes secondaires, je ferais un volume, avant d'arriver aux montagnes Volcaniques; et l homme de bonne foi, que je conduis dans les vastes déserts du monde primitif, croirait avoir perdu sa boussole.

Un autre motif non moins important m'oblige à ne donner ici qu'une théorie générale des montagnes secondaires.

Quoique ce que j'ai dit des montagnes primordiales, et ce que j'ai à dire des montagnes Volcaniques, repose sur des bases, que le scepticisme le plus effréné n'oserait renverser, cependant je ne puis me dissimuler qu'il y a toujours quelque chose de vague et d'indéterminé dans leurs origines : l'organisation est incontestable, mais le mode d'organiser ne se prouve que par le calcul des probabilités.

Il n'en est pas de même de tout ce qui tient

tient au séjour de l'Océan sur le globe et à sa retraite. Ces phénomènes sont inaccessibles au Pyrhonisme. Il en résulte une chronique de notre globe, en caractères qu'il est impossible de falsifier. Cette chronique forme les matériaux les plus prétieux de l'histoire de la nature, qu'il est dans mon plan de lier à l'histoire des hommes.

Il m'a donc paru utile de traiter, avec quelques détails, la théorie des monts, soit primitifs, soit volcaniques, affin de terminer tout d'un coup la partie de cet ouvrage qui embrasse les hypothèses.

Je renouerai ensuite le fil presqu'abandonné des montagnes secondaires, pour en former les premiers chapitres de l'histoire authentique du monde primitif.

Nous avons vû que l'Océan, originairement en vapeurs dans l'atmosphère, n'a pu descendre sur le globe et s'y condenser, sans couvrir de deux mille toises les pics les plus élevés des montagnes primordiales.

Cet Océan, cédant au mouvement d'Orient en Occident, à la pression de la Lune, et à l'action des vents impétueux qui amoncelaient ses vagues, ne tarda pas à se creuser un lit, sur cette masse de roche vive qu'il corrodait. En détachant des blocs entiers de Quartz, en les divisant plus souvent en petits globules, pour former les sables, en accumulant les débris des roches primitives, dont il séparait les flancs, il commençait à jetter les fondemens des montagnes secondaires.

Les montagnes secondaires, formées de productions marines, disposées par couches horisontales, n'ont dû s'organiser réellement, que quand les êtres animés, qui vivent dans cet élément, ont pris naissance.

La nature vivante, une fois développée dans les abymes des mers, elle s'y multiplia tout d'un coup, grace à l'énergie de ses principes générateurs, au point qu'il se forma des bancs énormes, des squeletes de ses poissons et des détrimens de ses coquillages.

Or la physique nous apprend, que les roches calcaires doivent toutes leur origine à ces débris des animaux à coquilles.

On conçoit aisément que plusieurs bancs nouveaux de productions animales, ne purent se former dans le sein de l'Océan, sans donner naissance à des courants, qui eurent d'autant plus de force, qu'elle s'exerça dans des détroits, et que les eaux furent plus refoulées, en se brisant contre les flancs des montagnes primordiales.

Ces élémens suffisent pour indiquer à l'œil observateur, comment une montagne secondaire, put se former dans le sein des mers. L'homogénéité de ses couches, et leur direction ou horisontale ou faiblement inclinée, démontrent qu'elles furent élaborées par une suite de dépôts successifs : et il n'y a plus que l'ignorance religieuse, qui puisse en faire honneur au bouleversement momentané d'un déluge.

Les montagnes secondaires quelquefois

restèrent isolées dans l'élément qui leur donna naissance, et parurent sous la forme d'îles, à sa retraite.

Plus souvent elles formèrent des chaînes, qui se prolongèrent à des distances énormes, pour achever le grand massif des continents.

D'ordinaire, elles vinrent s'addosser aux flancs des montagnes primordiales.

Toutes ces variétés, dans l'emplacement des montagnes secondaires, se rencontrent aux Alpes, à la chaîne Ouralienne, et parmi les branches infinies de la montagne-mère du Caucase.

Sans rassembler ici une foule de témoignages de voyageurs, qui ne ferait que rendre pénible la lecture de cet ouvrage, je me contenterai d'observer, que tous les physiciens qui ont parcouru les Alpes Helvétiennes, rendent témoignage à cette diversité d'emplacement et de structure.

J'ai parcouru moi-même une partie de cette étonnante chaîne en 1777, et j'ai vû dans la seule route, de Genève au Mont-Blanc, par le Faucigny, plusieurs montagnes calcaires parfaitement isolées, qui ont dû former des isles, à l'époque où l'Océan battait de ses vagues les flancs du Grimsel et du Saint Gothard.

J'ai vu d'autres roches calcaires se former en chaines, à Montmélian autour du lac d'Annecy, et le long de la rive méridionale de celui de Genève.

Enfin j'ai vu ces rochers, de formation marine, s'adosser au Granit du Buet, et accompagner les Hautes Alpes, dans une partie du Valais et des cantons de Berne et de Fribourg.

« Parmi les pics énormes, dit l'ingénieux
« traducteur de Coxe, qui paraissent de
« l'age du monde, et dont le squélete montre
« à nud la matière qui forme peut-être
« la seconde enveloppe du noyau de la terre,
« on remarque des montagnes plus récentes
« et d'une figure qui trahit le mystère de

« leur naissance : ce sont de longues crêtes
« médiocrement élévées qui serpentent,
« entre les montagnes primitives, comme
« les courans qui les ont formés, et qui sé-
« parent les pointes qui les dominent.

Le Mont-Blanc, la plus haute tige des montagnes primitives de l'Europe, et qui semble, à cet égard, la clef d'un grand Systême, est flanqué lui-même de montagnes secondaires, qui, comme l'Atlas de la fable, semblent courber leur tête pour porter le fardeau de l'Olympe.

L'Asie mineure et la Perse sont couvertes de montagnes secondaires; qui s'adossent, ou se lient au Taurus, à l'Immaüs et au Caucase : il en est de même de la Thessalie; ses vingt-quatre montagnes, si célèbres dans l'antiquité, sont évidemment l'ouvrage des eaux, à l'exception peut-être de l'Olympe, que la mythologie Grecque prit pour le ciel, à cause de sa hauteur, et de l'Ossa et du Pélion, que de prétendus géants en tassèrent, pour arriver au trône de Jupiter.

Il faut ranger dans la même classe les montagnes de la Moldavie, dont plusieurs, au rapport du géographe Busching, sont composées de sel, et les monts Valdais de la Russie, formés, dans une étendue de cent lieues, de couches calcaires, de poissons pétrifiés et de coquillages. Ces monts Valdais, long temps étudiés par le sçavant Gmelin, se lient avec les monts Rewenitski, aussi de seconde formation, qui ne sont eux-mêmes qu'un anneau d'une chaîne née dans la mer, qui s'étend, depuis la Pologne et la Hongrie, jusques vers le rivage Occidental de la mer Caspienne.

L'Europe, un des continents les moins anciens du globe, offre sur sa surface plus d'empreintes de l'ouvrage des eaux que de l'action du feu. Une de ses plus belles chaines secondaires est le Jura, qui se prolonge entre le Rhône et le Rhin. Sa substance presque partout est une pierre calcaire diversement colorée, et des couches de productions marines, telles que des madrépores.

En général les chaînes secondaires n'ont pas de pics fortement projettés : leurs sommets revêtus de terre végétale n'offrent que des inflexions adoucies. Il est rare que leurs entrailles renferment des filons métalliques. Les lits qui les forment conservent une direction horisontale, ou du moins ne s'inclinent que sur les flancs extérieurs du massif. L'eau, qui a organisé ces éminences, a imprimé son sceau sur toute leur surface, de manière à faire reconnaître son ouvrage.

Ces amas énormes de détriments de coquillages, qui constituent la base des lits calcaires, annoncent que l'élément, où les chaînes secondaires se développèrent, fut le théâtre de la vie, tandis que le feu semble avoir frappé de mort les roches perpendiculaires des montagnes primordiales.

On observe que les monts de seconde formation se divisent et se croisent souvent en tout sens : ce qui annonce le combat des courants, qui, à la naissance des siécles, se disputèrent l'empire de ces parages.

Les philosophes à système voyent le globe sous un autre point de vue : ceux qui le jugent par les livres, comme Bourguet et Buffon, n'admettent guères que des chaines dirigées dans le sens de l'Équateur. Ceux qui, comme les minéralogistes Suédois, adaptent le plan général de la nature à la structure du pays qui les a vu naitre, croyent que presque toutes les montagnes du second ordre, sont dans la charpente du globe, comme les côtes du corps humain qui tiennent à une épine commune.

Une erreur non moins importante, c'est celle qui établit comme règle générale la correspondance des angles, soit parmi les montagnes secondaires, soit parmi les montagnes primordiales.

Le philosophe Bourguet s'était apperçu, qu'en voyageant le long d'une chaîne de formation marine, l'angle saillant d'une montagne l'obligeait quelquefois à courber sa route, et qu'alors il trouvait vis-à-vis un angle rentrant, qui maintenait à la vallée sa même largeur. Ce phénomène parut une vraye découverte, et Buffon, qui avait besoin de cette clef, s'en servit pour ouvrir toutes les avenues du globe.

Le sang-froid de la réflexion, des observations anciennes mieux rapprochées, sur-tout des voyages entrepris sans préjugés philosophiques, ont bientôt ramené les physiciens à des idées plus saines. Trois grands naturalistes en particulier, Pallas, De Luc, et de Saussure, se sont réunis pour démontrer le néant du système; et aujourd'hui la correspondance des angles, donnée comme clef d'une théorie générale, est reléguée avec les cubes générateurs de Descartes et les monades de Leibnitz.

Il est d'abord démontré que les monts primordiaux, étant nés du feu, ne peuvent

admettre cette correspondance des angles,
qui caractérise l'effet des eaux, se formant
un lit entre les flancs des montagnes; l'inspection d'une Carte géographique suffit
pour le prouver à l'égard des Alpes, des
Cordilières et du Caucase.

Quant aux chaines du second ordre, les
angles saillants et rentrants se montrent
quelquefois : mais une inspection approfondie, désigne que c'est moins l'ouvrage
d'une oscillation régulière de la masse des
mers, que de la descente impétueuse des
fleuves et des torrents, qui, resserrés entre
deux côtes, les corrodent également, jusqu'à ce que des roches réfractaires forcent
leurs flots à se replier sur celle qui leur
offre moins de résistance.

Les montagnes secondaires ont toutes été
évidemment formées au sein de l'Océan;
ce fait a été gravé, en caractères ineffaçables,
avec le burin de la nature, sur le plan horisontal de leurs couches calcaires : mais

on ne peut guère attribuer les dépôts successifs dont dépend leur organisation, qu'à une cause régulière, telle que le balancement de la masse des mers, produit par le flux et le reflux; ou peut-être à l'influence de ce vent général d'Orient en Occident qui règne sur la surface du globe, parcourt dix-huit cents pieds par minute, et fait traverser, en 70 jours, aux galions d'Espagne, l'espace de près de deux mille lieues, qui se trouve entre Acapulco et les Philippines.

La dernière différence essentielle qui empêche le physicien de confondre les monts secondaires avec les monts primordiaux, vient de leur peu d'élévation. Tandisque la cime Granitique de la branche-mère des Cordilières monte fièrement à dix-huit mille pieds au dessus du niveau de l'Océan, l'humble roche calcaire ne sçaurait atteindre à la hauteur de douze cents toises.

ÉCLAIRCISSEMENTS

ECLAIRCISSEMENTS
ET NOTES.

Page 1 et 29.
(SUR LES DEUX PREMIERS CHAPITRES DE CE VOLUME).

ON doit bien s'attendre, en traitant des premieres générations dans le firmament, et du développement des Systêmes Solaires, que nous n'offrirons aucune preuve de notre théorie, qui soit tirée des ouvrages des grands astronomes, et des mémoires de nos académies; toutes ces hautes spéculations sont entièrement neuves; je marche dans la nuit profonde de ma Cosmogonie, sans autre fanal que celui d'une raison infiniment sévère sur le choix des probabilités : et mes seules authorités sont la Physique et la nature.

Cependant, quelque défiance que j'aye de mes lumières, je sens, en relisant tout ce que j'ai tenté de deviner du livre énigmatique de la nature, que mon système est assés heureusement coordonné;

les résultats s'y enchaînent sans peine aux idées-mères; et je soupçonne que le plus grand reproche que les gens de l'art un peu instruits pourront lui faire pendant le cours de cette génération, c'est que son auteur vit encore.

Page 47.

(Sur la gravitation.)

C'est une des premières loix de cette gravitation qui fait tant d'honneur au Newtonianisme, que son action s'exerce en raison des masses et non en raison des surfaces; en effet, un lingot d'or réduit en poudre descend dans la machine Pneumatique, aussi vîte que la même quantité étendue en feuilles. Ici la Physique la plus circonspecte sert d'appuy aux plus hautes spéculations de l'astronomie.

Page 50.

(Sur la résistance de l'Éther.)

Le mémoire couronné en 1762, sur cette grande question de l'astronomie, est de l'abbé Bossut, et se trouve à la page 46 du tome VIII, des *prix* de l'Académie

ET NOTES.

Page 51.

(SUR LA LUMIÈRE ZODIACALE.)

Les premières découvertes de Dominique Cassini, sur cette expansion Solaire, sont exposées, avec la plus grande clarté, dans un des volumes que l'académie a publiés depuis 1666, jusqu'à son renouvellement en 1699 : Voyés le tome VIII, pages 187, 205, 269 et 277.

Page 66.

(SUR LES SATELLITES DE SATURNE.)

Herschell, le Dominique Cassini de l'Angleterre, vient d'ajouter encore deux Satellites nouveaux aux cinq du Système de cette Planète. Il les a découvert avec son grand télescope de quarante pieds de foyer, et de quatre pieds d'ouverture. Le plus voisin de l'astre exécute sa révolution en vingt-deux heures quarante minutes et quatre secondes, et le plus éloigné y employe dix heures treize minutes et cinq secondes, de plus. Voyés *Journal de Physique*, année 1790, première partie, page 19 et 20.

ÉCLAIRCISSEMENTS

Page 67.

(Du Satellite de Vénus.)

Consultés Dominique Cassini, dans le volume cité précédemment, qui traite de la découverte de la lumière Zodiacale, page 45; le géomètre Lambert, dans les *Mémoires de l'académie de Berlin*, année 1773, notre *académie des Sciences de Paris*, année 1741, *histoire*, page 124, les *transactions philosophiques*, n°. 459, et les *œuvres posthumes* du Roi de Prusse, au tome I. de la correspondance avec Dalembert.

Il fut lû en 1761, un mémoire à l'académie des Sciences, ou l'existence du Satellite de Vénus était si bien constatée, qu'on y assurait, ainsi que Dominique Cassini s'en était douté, qu'il avait le quart du diamètre de la Planète à laquelle il obéissait, que son éloignement était le même que celui de la Lune à la Terre, et que sa révolution se faisait en neuf jours et sept heures; cependant les astronomes, qui avaient quelqu'ascendant sur cette Société sçavante, ne furent pas encore convaincus: aussi quand le grand Frédéric, trois ans après, voulut donner à cette Planète secondaire, le nom de Dalembert;

l'académicien, qui craignait qu'on ne lui assignât dans le ciel un fief imaginaire, s'excusa adroitement d'un pareil honneur, « Votre majesté, écrivit-il, me » fait trop d'honneur, de vouloir baptiser en mon » nom cette nouvelle Planète ; je ne suis ni assés » grand, pour être au ciel le Satellite de Vénus, » ni assés bien portant pour l'être sur la terre, et » je me trouve trop bien du peu de place que je « tiens dans ce bas-monde, pour en ambitionner » une au firmament ».

Page 69.

(DE LA THÉORIE DE BUFFON, SUR LE REFROIDISSEMENT DES PLANÈTES.)

Buffon a joui d'une telle célébrité, parmi le vulgaire des Sçavants, par son roman astronomique des époques, qu'il faut bien s'appésantir un moment sur les erreurs de ses Tables, pour empêcher des hommes qui n'auraient pas son génie d'en dresser de pareilles. Je me trompe ; il est inutile de discuter cette partie méchanique de sa spéculation ; d'après les principes majeurs de notre Cosmogonie, transcrire les calculs de ces Tables, c'est assés les réfuter.

Voici, suivant le tome IV du *supplément de*

l'histoire naturelle, quelles ont été les périodes de l'existence de la nature organisée, dans chaque Planète, en supposant qu'elles furent toutes projettées à la fois 74,832 ans avant l'année 1776, où a paru la fable brillante des *époques*.

La nature s'organisa dans le cinquième Satellite de Saturne, l'an 5161 de la formation des Planètes, et s'éteignit l'an 47,558, après avoir duré 42,389.

La nature vivifiante commença dans la Lune, l'an 7,890, finit l'an 72,514 et son règne fut de 64,624.

Commencement dans Mars, 13,685; fin 60,326 et durée 56,641.

Dans le quatrième Satellite de Saturne 18,399 — 76,525 — 58,126.

* Dans le quatrième Satellite de Jupiter, 23,730 — 98,696 — 79,966.

Dans Mercure, 26,053 — 187,765 — 161,712.

Dans la Terre, 35,983 — 168,125 — 132,140.

Dans le troisième Satellite de Saturne, 37,672 — 156,658 — 118,986.

Dans le second Satellite de Saturne, 40,373 — 167,928 — 127,655.

Dans le premier Satellite de Saturne, 42, 021 — 174, 784 — 132, 763.

Dans Vénus, 44, 067 — 228, 540 — 184, 473.

Dans l'Anneau de Saturne, 56, 396 — 177, 568 — 131, 172.

Dans le troisième Satellite de Jupiter, 59, 483 — 247, 401 — 187, 918.

Dans Saturne, 62, 906 — 262, 020 — 199, 114.

Dans le second Satellite de Jupiter, 64, 496 — 271, 098 — 206, 602.

Dans le premier Satellite de Jupiter, 74, 724 — 311, 973 — 237, 249.

Enfin, cette nature ne s'organisera dans Jupiter, qu'en l'an 115, 623, elle finira l'an 483, 121, et elle aura duré, à cette époque, 367, 498.

Le poëte philosophe conclud de ces Tables, qui suivant son expression, *approchent le plus de la vérité*.

1°. Que la nature organisée, telle que nous la connaissons, n'est point encore née dans Jupiter, dont la chaleur est trop grande aujourd'huy pour pouvoir en toucher la surface, et que ce ne sera que dans 40,791 ans, que les êtres vivants pourront y subsister, mais qu'ensuite, s'ils s'y établissent, ils dureront 317,498 ans, dans cette énorme Planète.

2°. Que cette nature est éteinte dans le cinquième Satellite de Saturne, depuis 27,274 ans; dans Mars, depuis 14,506 et dans la Lune, depuis 2,318.

3°. Qu'elle est prête à s'éteindre, dans le quatrième Satellite de Saturne, puisqu'il n'a plus que 1,693 ans, pour arriver au point extrème de la plus petite chaleur nécessaire au maintien des êtres organisés.

4°. Que la nature vivante est faible dans le quatrième Satellite de Jupiter, quoiqu'elle puisse y subsister encore pendant 23,864 ans.

5°. Enfin, que sur la Planète de Mercure, sur la Terre, Saturne, ses trois premiers Satellites et son Anneau, ainsi que sur les trois premiers Satellites de Jupiter, la nature vivante est actuellement en pleine existence; ce qui annonce une population sur tous ce corps célestes, ainsi que sur notre globe.

A chaque pas que nous ferons dans notre Cosmogonie, nous nous convaincrons de l'infidélité de des calculs et surtout de leur mesquinerie: en général, il y a bien peu de philosophie à mettre tous ces détails serviles d'arithmétique dans le calcul de l'âge inconnu des Planètes.

Page 76.

(DE LA ROTATION DE VÉNUS.)

Voyés les *élémens d'astronomie* de Cassini, page 611.

Page 83.

(THÉORIE DE LA LUNE.)

Le trait sur la lumière affaiblie de cette Planète du second ordre, est tiré de Bouguer, *traité d'optique*, edition in 4°. de 1760, page 89.

C'est dans les mémoires de notre *Académie des Sciences*, année 1706, *mémoires*, page 114, qu'on lit, que la carte de cette Planète a été dressée avec tant d'exactitude, qu'un objet de la grandeur de Paris, pourrait s'y reconnaître.

Quant à l'ouverture présumée, au travers du disque de la Lune, c'est un fait qui demande de la part du scepticisme, quelques éclaircissements.

Dom Ulloa a prétendu que dans une éclipse du 24 juin 1778, le disque Lunaire lui parut percé, de manière à distinguer au travers, la lumière du Soleil. *Académie des Sciences*, année 1787, *mémoires*, page 37.

Ce Phénomène, s'il n'est pas une illusion d'Optique, ne peut s'expliquer, suivant le sçavant Espagnol, qu'en supposant la Lune entrouverte, d'un hémisphère à l'autre; et il a calculé que l'apparence de l'ouverture étant d'environ deux lignes, du pied de la Vare Castillane, cette dimension répondait à la soixante et douzième partie du diamètre, ou a un peu plus de dix lieues. *Journal de Physique*, tome XV, page 319.

Les découvertes Téléscopiques d'Herschell, en 1787, expliquent peut être le Phénomène de Dom Ulloa. Ce grand Astronome, à cette époque, vit, avec le plus fort de ses instruments, trois volcans dans la Lune, dont le principal, situé près du bord Septentrional du disque de la Planète, ressemblait parfaitement à un charbon ardent qu'on voit dans l'obscurité, quand il a été rouge assés long-temps, pour se couvrir d'une légère couche de cendre. C'est celui là qui brulait au temps de l'observation, et jettait des vapeurs et des laves en grande abondance: on a calculé son diamètre d'environ trois milles, puisqu'il paraissait au moins le double plus grand que le troisième Satellite de Jupiter. Les deux autres Volcans, placés dans l'intérieur du disque, et assés ressemblants à certaines Nébuleuses, paraissaient alors ou nouvellement éteints, ou prêts à faire éruption. Quelques mois après, l'expérience d'Herschell fut répétée devant quelques membres de la Société Royale de Londres, et le Cratère du Volcan principal parut alors de six milles du diamètre: ces détails curieux sont tirés du même *Journal de Physique*, tome XXX, page 398 et 472.

Je rassemble ici tous ces détails sur les restes de l'ancienne conflagration de la Lune, a cause des traits de lumières qui en résultent, non seulement sur notre Cosmogonie, mais encore sur notre théorie non moins nouvelle du Volcanisme, qui sera développée dans un autre volume de cet ouvrage.

Page 84.

(DES SATELLITES D'HERSCHELL ET DE LA PLANÈTE MÈRE).

L'Histoire de la découverte de l'astronome Anglais, par rapport aux Satellites d'Herschell, est consignée dans les mémoires de *l'Académie des Sciences*, année 1787, page 27.

Quant au diamètre de la Planète-mère, le laborieux Lalande, qui le fixe dans son *Traité de l'Astronomie*, à 12,760 lieues, semble se reformer dans la partie mathématique de *l'Encyclopédie Méthodique*, où il le réduit à 9460. Pour asseoir des idées justes sur cette Planète, qui semble jetée aux limites de notre petit univers, nous aurions besoin de la plume de l'Astronome, qui l'a découverte dans les déserts de l'Espace, encore plus que de son Télescope.

Page 87.

(De l'Anneau de Saturne).

Voyez les dimensions de cet Anneau, *Histoire Naturelle* de Buffon, supplément, tome IV, page 196, et un mémoire de l'érudit Lalande, à la page 93 des mémoires de l'*Académie des Sciences* de 1774.

Quant à l'amas innombrable d'Étoiles Télescopiques, qui forment cette espèce de pont suspendu de quatre cents mille lieues de circonférence, voyez l'*Astronomie* de Jacques Cassini, tome I, page 338, et les mémoires de l'*Académie des Sciences* de 1774. Page 49 et 319.

Il paraît que l'infatigable scrutateur des Cieux, Herschell, ne doit pas être éloigné de notre théorie sur l'Anneau de Saturne : on voit par une lettre de Londres, insérée dans le tome XXXVII du *Journal de Physique*, page 73, que cet Astronome, en dirigeant son Télescope sur le pont suspendu de cette Planète, découvrit un point très-brillant, qu'il prit d'abord pour un nouveau Satellite, mais qui, a un examen approfondi, lui parut appartenir à l'Anneau lui-même. Cette anecdote est un commencement de démonstration, pour cette branche hypothétique de notre Cosmogonie.

C'est à l'époque de la même découverte, qu'Herschell se convainquit d'un Phénomène non moins important en Astronomie, du mouvement de rotation de l'Anneau lui-même, dont la durée peut-être de dix heures et quelques minutes.

Page 91.

(Théorie de Jupiter)

On peut ajouter à nos spéculations sur la

Phénomène des taches mobiles de cette énorme Planète, les découvertes faites récemment par le grand bailli Schroëter, avec un bon Télescope d'Herschell, à son observatoire de Lilienthal près de Bremen, et dont on voit le détail à la page 108 du tome XXXII du *Journal de Physique*.

Dans l'intervalle de deux hyvers, il vit de grands changements sur le disque de Jupiter.

Il s'était formé auprès des deux Zônes obscures du milieu, deux bandes lumineuses : tandis que la Zône Equatoriale avait adopté une couleur terne et tirant sur le jaunâtre, que la plus septentrionale des bandes obscures s'était épaissie, et que la méridionale s'étaiten grande partie éteinte.

Un Phénomène non moins remarquable, c'est qu'il se forma dans le court intervalle de 76 heures, un nouvel appendice dans la bande obscure la plus méridionale, et que cet appendice fut encore moins de temps à s'évanouir, quoique sa longueur fut au moins de 140 dégrés du cercle.

Des expériences réïterées assurèrent l'observateur, que la couleur grisâtre, qui se montre vers les deux Pôles de Jupiter, était causée par une matière fine, de la nature des bandes obscures, et formant des rayes interrompues, parallèles avec les grandes bandes, et toutes dirigées d'Orient en Occident.

L'Astronome découvrit encore dix sept points de taches obscures, qui se lirent voir presque tous, à la même déclinaison méridionale de six dégrés trente minutes : leur mouvement était d'une vitesse variée : les périodes que quelques unes d'elles semblaient suivre, étaient de sept heures sept minutes, de sept heures trente six minutes, et de huit heures.

Enfin, le physicien de Lilienthal découvrit, dans la Zone claire Boréale, un point lumineux très remarquable ; il était rond et très brillant ; son mouvement parut d'abord conforme à la période de rotation de la Planète ; mais ensuite il fit voir tantôt de l'accélération, tantôt du retard, et ces irrégularités ne tenaient en rien aux irrégularités connues de Jupiter.

La période de ce point brillant, dont le terme moyen est de neuf heures et un peu plus de cinquante cinq minutes, fut observée avec une constance admirable, pendant 242 révolutions.

L'Europe sçavante attend avec empressement l'ouvrage même de Schroëter, dont l'édition a été projettée par le célèbre Bode, l'Astronome du

Roi de Prusse, et qui disputera sans doute aux Tables si connues de M. de Lambre, le mérite d'être un ouvrage classique sur Jupiter.

Nous avons fixé par des nombres ronds, la distance des Satellites de Jupiter, de la Planète-mere : si l'on désirait à cet égard un peu plus de précision dans les nombres, il faudrait consulter les dernières Tables que l'Astronome Lalande, a consignées dans le tome III de la partie mathématique de l'*Encyclopédie méthodique* : il compte la distance de ces astres subalternes par demi-diamètres de Jupiter, dont chacun est égal à dix, quatre° vingt six centièmes demi-diamètres de notre globe; et il suppose la distance du premier Satellite, à cinq demi-diamètres trois quarts, le second, à neuf et demi, le troisième, à quatorze et un tiers, et le quatrième, à vingt-cinq et un tiers. D'après ces éléments, j'ai calculé la distance en lieues astronomiques, et en voici la liste.

Le premier Satellite est à 89,424 lieues de Jupiter, le second, à 139,958, le troisième à 222,912 et le quatrième, à 375,984.

Notre anecdote, sur la tache du quatrième Satellite de Jupiter, est tirée de l'histoire de

de

l'*Académie des Sciences*, année 1707, page 95.

Page 97 à 125.

(Sur les Comètes).

L'opinion d'Apollonius de Mynde, sur la nature des Comètes, est trop curieuse, pour ne pas l'avoir exposée dans le texte de notre Cosmogonie : elle est aussi trop importante pour ne pas en constater dans nos notes la fidélité. Voici le texte original du célèbre interprète d'Apollonius.

» *Apollonius Myndius, in diversâ opinione*
» *est. Ait enim, Cometen non unum ex multis*
» *erraticis effici, sed multos Cometas erraticos*
» *esse. Non est, inquit, species falsa, nec duarum*
» *Stellarum confinio ignis exientus: sed et pro-*
» *prium sidus Cometes est, sicut Solis aut Lunæ.*
» *Talis forma est non in rotundum restricta,*
» *sed procerior, et in longam producta. Ceterum*
» *non est illi palam cursus: altiora mundi secat*
» *et tunc demum apparet, cum in imum cursus*
» *sui venit... Multi varii que sunt, dispares*
» *magnitudine, dissimiles colore. Aliis rubor est*
» *sine ullâ luce: aliis candor, et purum liquidum-*
» *que lumen: aliis flamma, et hæc non sincerâ*

xviij ÉCLAIRCISSEMENTS

» *nec tenuis, sed multum circa se volvens fumidi*
» *ardoris....*

» *Si erratica, inquit, stella esset, in Signifero*
» *esset. Quis unum stellis limitem ponit ?... quid*
» *est, quare in aliquâ parte cœlum pervium*
» *non sit ? quod si judicas, non posse ullam stellam*
» *nisi Signiferum attingere : Cometes potest sic*
» *latum habere circulum, ut in hunc tamen parte*
» *aliquâ sui incidat : quod fieri non est necessarium ;*
» *sed potest....*

» *Nec miremur tam tardé erui quœ tam alté*
» *jacent.... quam multa prœter hos per secretum*
» *eunt, nunquam humanis oculis orientia ? neque*
» *enim omnia deus homini fecit. quota pars operis*
» *tanti nobis committitur ? ipse qui ea tractat,*
» *qui condidit, qui totum hoc fundavit, dedit que*
» *circa se, major que est pars operis sui, ac melior,*
» *effugit oculos, cogitatione visendus est ».* Voy.
Senecœ natural. quast. Lib. VII, Cap. 17, 23 et 30.

Le trait de la page 102, ou il est dit, que Kepler peuplait le ciel de Comètes, comme l'Océan de Poissons, mais qu'il eut la faiblesse de prendre ces astres pour les monstres du firmament, ce trait, disje, est tiré de l'ouvrage de est Astronomie, qui a pour titre : *de Cometis libelli tres.*

Les faits de la page 104, sur la rapidité des Comètes, ont pour garants Riccioli, *Almagest,* 2—8, l'*essai sur les Comètes* du sçavant du Sejour pag. 126, et le *Traité de la Comète de 1743*, par Chéseaux, pag. 10. Le texte suivant de la page 125, du tome II, de la *Cométographie*, du P. Pingré servira de complément aux faits sur lesquels repose notre théorie.

» On a remarqué que la Comète de 1472
» décrivit en un seul jour 120 dégrés, ayant
» rétrogradé depuis la fin du signe de la Vierge,
» jusqu'au commencement de celui des Gemeaux.
» La troisième Comète de 1759, a parcouru
» quarante un dégrés et demi de longitude, et
» près de quatre en latitude, depuis le 7 Janvier
» 1760, à neuf heures du soir, jusqu'au 8 du
» même mois, à pareille heure. Ce mouvement si
» précipité en apparence, ne doit point étonner,
» sur-tout dans des Comètes, dont le mouvement
» vrai est rétrograde, tel que l'était celui des
» Comètes de 1472 et de 1759. L'abbé de la
» Caille suppose une Comète rétrograde, ne
» quittant point le plan de l'Écliptique: Périhélie, en

» opposition avec le Soleil, et distante de quatre
» vingt six mille deux cents lieues Astronomiques,
» de la Terre, pareillement Périhélie; et il prouve
» qu'une telle Comète semblerait parcourir cent
» quarante un dégrés, quarante minutes de grand
» cercle, en une heure: plus de cent soixante
» en deux heures, et plus de cent soixante et dix
» huit en vingt quatre. La vitesse apparente de la
» Comète, durant une heure, serait encore plus
» grande, si, en conservant les autres suppositions
» de l'abbé de la Caille, on raprochait la Comète,
» de la Terre; mais elle ne pourrait jamais atteindre
» cent quatre vingt dégrés. L'abbé de la Caille
» remarque, que si au lieu de supposer la Comète
» en opposition avec le Soleil, on la supposait au
» contraire en conjonction inférieure, et d'ailleurs
» dans les mêmes circonstances, on trouverait à
» peu près les mêmes vitesses, mais augmentées
» de quelques secondes. Il ajoute que cette vitesse
» prodigieuse serait encore augmentée de quin:
» dégrés par heure, par l'effet du mouvement
» diurne: elle le serait encore par la Parallaxe,
» si la Comète était à l'Occident du Méridien. Il
» pourrait arriver de là qu'un observateur, placé
» entre les Tropiques, verrait la Comète s'élever,

ET NOTES. xxj

» en moins de trois quarts d'heures, de l'Horison
» au Zénith, puis employer plus de quatre heures
» à regagner l'Horison, pour se coucher.

» Une Comète peut sembler parcourir huit signes
» du Zodiaque; nous en avons eu un éxemple
» dans la Comète de 1769: son cours apparent
» pourrait même s'étendre quelques dégrés au
» delà: mais il ne me parait pas possible que le
» mouvement apparent d'une Comète, embrasse
» les douze signes du Zodiaque.

Nous avons traité, à la même page 104 de ce volume, du peu de densité des Comètes, et nous avons eu pour garants le livre qui a pour titre: *Cogitata de Cometis*, par Winthrop, livre présenté avec éloge à la Société Royale, par le célèbre Francklin: le *Recueil pour les Astronomes*, de J. Bernoulli, tome I, page 251, la *Cométographie* du P. Pingré, tome II, page 115 et 153, et l'*Astronomie* de la Lalande, tome III, page 381.

La page 107, exige une authorité sur l'action d'une Comète perturbatrice par rapport à la Terre, et cette authorité est celle du magistrat-géomètre, du Séjour: *Essai sur les Comètes*, page VIII.

L'écrivain distingué avait fait précéder se

b 3

observations, d'un texte assés rassurant sur les désastres que la Terre pourrait subir, de la part d'une Comète perturbatrice.

« Il n'existe, dit-il, aucune Comète connue,
» qui, d'après les Élémens établis dans les dernières
» apparitions, puisse approcher de la Terre, assés
» pour y produire un effet nuisible. Ce ne pourrait
» être qu'en vertu des altérations que subiraient
» ses élémens, que cet évenement serait à
» redouter. Ce dérangement n'est pas physiquement
» impossible : mais il y a loin, de la possibilité d'un
» dérangement quelconque, à la certitude que ce
» dérangement sera tel qu'il convient, pour occa-
» sionner la rencontre, ou une proximité nuisible
» de la Comète et de la Terre. Pour que l'évé-
» nement eût lieu, il faudrait que le dérangement
» suivît une certaine loi donnée, qu'il arrivât
» dans un certain temps donné, et qu'alors la
» Terre fût à un certain point donné de son
» orbite. Il y a donc, si j'ose m'exprimer ainsi,
» relativement aux Comètes qui n'ont point actu-
» ellement les conditions requises pour couper
» l'orbite de la Terre, (et toutes les Comètes
» connues sont dans ce cas), la probabilité d'un

» infini du troisième ordre contre l'unité, que
» l'événement n'aura pas lieu.

J'ai dit à la page 112, que le physicien Dunn,
donnait une queue lumineuse de dix millions de
lieues à la Comète de 1769 : notre Astronome
Lalande va encore plus loin, et porte cette queue
jusqu'à douze millions; voy. Mémoires de l'*Académie des Sciences*, année 1769; pag. 57.

L'Astronome Chéseaux est cité à la même
page 112, par rapport à l'atmosphère et à la
queue de la Comète de 1743, voy. son *Traité
de la Comète de* 1743, pag. 26.

La page 113, exige un garant des perturbations,
qu'a essuyées une des Comètes de 1770, et ce
garant est l'*Académie des Sciences*, année 1776,
pag. 604 et 648.

L'authorité de la page 123, sur la différence
entre les deux périodes de la Comète de 1759
est l'*Astronomie* de Lalande, tome III, pag. 580

Page 122.

(DE LA PERMANENCE DE L'INCENDIE SOLAIRE).

Newton, le grand Newton, s'explique ainsi,
dans la question XI, du livre 3 de son *Optique*

immortelle. Je me sers de la traduction Française de 1787.

« Le poids énorme de l'atmosphère du Soleil
» peut empêcher les corps de s'y dissiper en
» vapeurs, à moins que la chaleur qu'ils y éprou-
» vent, ne soit incomparablement plus forte que
» celle qui, à la surface de la Terre, suffirait
» pour les réduire en vapeurs. Ce poids peut
» aussi condenser les exhalaisons formées de la
» substance même du Soleil, au moment où elles
» commencent à s'élever, et les faire retomber
» aussitôt : ce qui doit augmenter la chaleur de
» l'astre, à peu près de la même manière que l'air
» augmente le feu de nos cheminées. Enfin, ce
» poids peut empêcher que le Soleil ne fasse aucune
» déperdition de substance, si ce n'est par l'émis-
» sion de sa lumière, et par une très légère
» évaporation.

Page 127.

(DE LA TENDANCE DES ASTRES D'UN SYSTÈME, A
S'APPROCHER DE LEUR SOLEIL).

Pour rendre cette grande vérité plus sensible, ne nous occupons que de notre globe, plus soumis aux observations de nos Astronomes.

Nous voyons par une lettre d'un des Euler, insérée dans le n°. 493, des *Transactions Philosophiques*, que plusieurs calculs annoncent, que la Terre s'approche insensiblement du Soleil.

L'abbé de la Caille, dans un mémoire pour déterminer la plus grande équation du Soleil, qu'on lit dans l'*Académie des Sciences*, année 1750, ajoute de nouvelles preuves à l'opinion, que la longueur de notre année éprouve une diminution graduée quoiqu'insensible : il y prouve que l'Apogée du Soleil était plus avancée, de dix à douze minutes, à l'époque où il écrivait, que dans les Tables des Cassini et des Halley : « cette » différence, dit il en propres termes, ne doit » rendre suspects ni les Élémens que j'ai trouvés, » ni ceux de ces illustres Astronomes : car j'espère » démontrer évidemment, que la principale raison » en est, que la grandeur de l'année Solaire est à » présent plus petite, que celle qui a été employée » par ces grands Hommes. »

Or, si l'on voulait juger de la rapidité de la chute de la Terre dans le Soleil, lorsque que notre Planète parvenue à une extinction absolue, n'existera plus que par sa force centrale, on pourrait employer les élémens du calcul de Bradley : cet

Astronome célèbre a prouvé que si notre globe se mouvait en droite ligne, avec la même vitesse qu'il employe à décrire son orbe, il parcourrait un espace égal au rayon de cet orbe, ou à la distance de la Planète au Soleil, dans le modique intervalle de cinquante neuf jours, onze heures et quarante minutes; et comme à l'époque de la chute de notre globe dans son astre central, au lieu d'en être éloigné de plus de trente quatre millions de lieues, comme il l'est aujourd'hui, il le serait probablement à peine de deux, peut-être que quarante heures suffirait pour opérer cette singulière catastrophe,
Page 132.

(DE LA RAPIDITÉ DU MOUVEMENT DE ROTATION DES ASTRES, SUR LEUR AXE.)

Le très laborieux et très exact physicien, Brisson, a calculé au tome 2 de son Dictionnaire de Physique, pag. 378, l'espace que parcourt chaque point de l'Equateur de quelques corps célestes, par seconde de temps, et en voici le résultat: Mars parcourt en une seconde, 155 toises, Vénus et la Terre 253, Jupiter 6550 et le Soleil 1048.

Page 140 à 143.

(SUR LES ATMOSPHÈRES DES PLANÈTES DE NOTRE SYSTÈME).

Voyez sur les Atmosphères de Mercure et de Vénus, la dissertation de Frisi, imprimée en Italie sous le titre de *Dissertatio de atmospherâ cœlestium corporum*, et sur leurs Anneaux lumineux, l'*astronomie* de Lalande, tome II, page 719. Il y aurait à consulter, par rapport à l'atmosphère particulière de Vénus, les *Transactions Philosophiques*, de la Société de Philadelphie, page 42.

Nos authorités sur l'atmosphère de Mars, sont l'*Optique* de Smith, traduct. Française. Tome II, page 430; Jacques Cassini, dans un mémoire de l'*Académie des Sciences*, année 1735, page 456, et l'Astronome Oliver, dans son livre sur *les Comètes*, page 117. Au reste les Physiciens mêmes, qui regardent Mars comme une Planète éteinte, ont tenté d'expliquer ses irrégularités, par des réfractions de la lumière dans son atmosphère. Voyez *Astronomie* de Lalande, tome II, page 740.

Consultés sur les atmosphères de Jupiter et de Saturne, le second Cassini, *Académie des Sciences*, année 1735, hist. pag. 46 et mémoires, pag. 456.

Page 143.

(DES QUEUES LUMINEUSES DES COMÈTES DANS LE PÉRIHÉLIE).

Notre théorie est appuyée sur le traité ingénieux de Mairan, de l'*Aurora Boréala*, et surtout sur l'authorité du grand Newton, *Princip. Mathém.* lib. III propos. XLI ; observons ici que la Comète de 1680, qui, suivant cet homme à jamais célèbre, occupait de sa queue brillante, soixante et dix dégrés dans le Firmament, fut vue en occuper près de quatre-vingt-dix , à l'Horison de Constantinople.

Page 146 à 149.

(SUR L'ATMOSPHÈRE SOLAIRE).

L'opinion de Jacques Cassini et de Fontenelle, se trouve consignée dans l'*Académie des Sciences*, année 1735, histoire, pag. 45.

L'anecdote sur la densité de cette atmosphère,

à environ quatre mille lieues du disque de l'astre, est du professeur Winthrop, *cogitata de Cometis*, pag. 25.

L'idée de Daniel Bernoulli, qui étend l'atmosphère Solaire jusqu'à Saturne, est dans la pièce de cet Astronome, qui remporta en 1734, le prix de notre Académie, pag. 103.

Page 151 et 156.

(DE L'ATMOSPHÈRE DE LA LUNE).

On peut mettre à la tête de nos authorités sur son existence, celle de l'Astronome Espagnol Dom Ulloa, qui s'exprime ainsi, en rendant compte du Phénomène étrange de l'ouverture de dix lieues de diamètre, qui traverse de part en part cette Planète.

» Les singularités remarquées dans l'Anneau de
» la Lune, semblent ne pas laisser de doutes sur
» l'éxistence de son atmosphère : les couleurs de
» l'Anneau réfractif, leur dégradation successive,
» et les rayons qu'il lançait au delà, paraissent ne
» pouvoir être attribués qu'à cette même atmosphère;
» et si l'on voulait prétendre que ces différents
» Phénomènes n'étaient dûs qu'à celle de la
» Terre, on aurait de fortes et puissantes raisons

» à combattre: une desquelles serait, que le Soleil
» étant entièrement caché par la Lune, dont le
» diamètre apparent était plus grand que le sien,
» ses rayons ne pouvaient arriver jusqu'à la Terre;
» et parconséquent ne pouvaient produire aucun
» effet relatif à son atmosphère: étant au contraire
» tangents à celle de la Lune, ils subissaient une
» réfraction très sensible, dont l'effet était pareil
» à celui de l'Arc-en-Ciel... concluons de tout ce
» qui précède, que l'atmosphère de la Lune, occupe
» exactement l'espace déterminé par l'Anneau ré-
» fractif. Voy. *Journal de Physique*, tome XV;
pag. 330.

Consultés aussi sur l'atmosphère de la Lune;
un mémoire du sçavant du Séjour, *Académie des
Sciences*, année 1767, pag. 209.

Le P. Boscowich, dans sa dissertation de *Lunæ
atmosphérâ*, imprimée à Rome en 1753, à tenté
de prouver que le fluide qui entoure notre
Satellite, pourrait avoir la densité de l'Eau, sans
que nous eussions une démonstration complette de
son existence.

L'opinion du chevalier de Louville, sur la
hauteur de l'atmosphère Lunaire, est consignée

dans l'histoire de l'*Académie des Sciences*, année 1715, page 52.

Page 153 à 157.

(Erreurs des Astronomes, sur la hauteur de l'Atmosphère terrestre).

Il y a beaucoup d'arbitraire dans l'évaluation de la Hire : car tantôt il fait cette hauteur de 54,585 toises, tantôt de 35,362, et une autrefois de 37,223. Voyez *Académie des Sciences*, année 1713, mém. pag. 59. La moyenne proportionelle est un peu plus de quinze lieues.

L'évaluation de Képler se trouve dans son *Epitomé astronomique* et dans l'*Académie des Sciences*; année 1713, hist. pag. 8 et mém. pag. 58, et année 1735, hist. pag. 44 et mém. pag. 458.

Le calcul d'Euler se rencontre dans ses recherches physiques sur la cause des queues des Comètes, imprimées dans le second volume de l'Académie de Berlin, et dans l'*Académie des Sciences*, année 1747, hist. pag. 44.

L'idée de Bouguer est dans ce dernier ouvrage; année 1734, pag. 268.

Celle de l'Astronome Mayer, que notre fluide Aérien n'a pas plus de 54,488 toises de hauteur;

est consignée dans l'*astronomie* de Lalande, tome II, pag. 433, et celle du géomètre Oliver et d'Horsley, qui portent cette hauteur à cinquante milles, dans l'*Essai sur les Comètes*, pag. 59, et dans le *Recueil pour les Astronomes* de J. Bernoulli, tome I, pag. 110.

Les erreurs des Mairan, des Halley et des Cassini, sur l'étendue de notre atmosphère, se trouvent au commencement du traité de *l'aurore Boréale* et dans l'*Académie des Sciences*, hist. de l'année 1713, et mémoires de l'année 1733.

On peut consulter sur l'opinion beaucoup plus vraisemblable de l'Arabe Alhazen, *Opticæ thésaur*. lib. VII, pag. 51.

Page 161 et 163.

(DES CALCULS SUR LA RARÉFRACTION ET LA CONDENSATION DE L'AIR ATMOSPHÉRIQUE).

L'expérience de Boyle, sur la raréfaction de notre fluide atmosphérique, est tirée des *Transact. Philosoph*. n°. 181.

Le calcul de Newton, sur le même objet, se rencontre dans l'*Optique*, Édit. Française, de Beauzée, tome II, pag. 225.

La

La condensation de l'air, par le physicien Hales, trouve sa preuve dans l'histoire de l'*Académie des Sciences*, année 1699 et 1702.

Il y a sur ce sujet, un texte bien précieux dans Newton. « *Si se tangerent particulæ aëris (nam aër comprimi potest, quia ipsius particulæ nondum se tangunt) aër evaderet in marmor.* Voy. *tractat. de natur. acidor.* in *Newton. opuscul.* Tome II, pag. 416. Cette théorie sur l'air atmosphérique, a donné occasion de parler d'un fait sur la divisibilité du mercure, qui se trouve consigné dans la *collection académique* partie étrangère, tome II, pag. 93. Page 169.

(DU MÉCHANISME DE NOS TRAVAUX, POUR FORMER DES TABLES D'APPROXIMATION, SUR LA RARÉFACTION DES PLANÈTES).

Quelques sçavants, à l'exemple des prêtres de l'Egypte, ont cru qu'il était de la majesté philosophique, de cacher avec soin au vulgaire, les routes qui les avaient conduits à quelques découvertes: ce n'est point dans un siècle de lumières tel que le notre, qu'il faut adopter un pareil charlatanisme : quand on a eu le bonheur d'arriver à tâtons au temple de la Vérité, il faut laisser des fanaux sur les chemins qu'on vient de frayer, pour épargner des erreurs à ceux qui nous suivent, dussent-ils nous faire oublier.

Pour moi je dois avouer, et les gens de l'art n'auront pas de peine à me croire, qu'il m'en a coûté six mois de travail, pour terminer les calculs de cette partie technique de ma Cosmogonie.

Ma première idée, avait été de ne chercher que des Tables d'approximation ; tant je craignais de tomber dans le charlatanisme de Buffon, qui avec ses petits boulets de Montbard, ses petits calculs arithmétiques, et ses petits résultats, avait cru expliquer l'origine des sphères célestes et le méchanisme de l'univers.

D'après la haute idée que je me formais du pouvoir générateur de la nature, et de la faiblesse du levier avec lequel nous osons soulever les mondes, je me contentais donc de n'atteindre aux Planètes de notre Système, qu'avec l'échelle des probabilités, et ma circonspection était un plus bel hommage à l'Ordonnateur des mondes, que l'audace de tous les fabricateurs de Cosmogonies.

Seulement je m'imposai la loi d'étayer mes probabilités de toutes les découvertes physiques et astronomiques, faites depuis les Galilée et les Newton, jusqu'à nous, et à cet égard mes recherches dans les mémoires de toutes les Académies de l'Europe, annoncent assés la franchise, avec laquelle j'ai cherché la vérité, indépendamment de tout Système.

Les élémens de mon calcul de probabilité, sont exposés d'une manière assés claire, dans le texte auquel sont destinés ces éclaircissemens, et je ne dois des détails ultérieurs que sur cette foule d'Océans, de volume égal à notre globe, que j'ai imaginés, pour simplifier la théorie de la raréfaction des Planètes.

Il est évident, que du moment qu'un corps céleste réduit par l'incendie primitif, à un fluide homogène, a vu augmenter mille fois le volume de ses élémens, il est très égal de le considérer, ou dans une masse agrandie proportionnellement par la raréfaction, ou de supposer que cette masse agrandie, répond à mille Océans superposés, qui ont chacun à part le diamètre du globe consolidé.

D'après cette idée, si notre Terre, dans le temps de sa projection autour du Soleil, avait éprouvé mille dégrés de raréfaction, je pouvais pour évaluer son volume, la comparer à mille Océans sphériques, dont chacun à part aurait, comme notre globe, 2865 lieues de diamètre.

Et cette hypothèse semblait d'autant plus heureuse, que je pouvais, avec quelques règles de trois, y faire entrer les calculs de la raréfaction des autres Planètes.

Mais il se présenta bientôt une grande difficulté, pour évaluer la hauteur de tous ces Océans séparés, du moment qu'on les plaçait l'un après l'autre, en forme d'enveloppes excentriques, sur le noyau de la Planète; car ces Océans, qui embrassaient à chaque instant une plus grande surface, devaient diminuer successivement la hauteur de leurs rayons, et il n'y a point de loi mathématique, qui donne avec précision la formule de cet affaiblissement.

La première solution que j'imaginai, fut de chercher une règle d'approximation; et celle qui diminuait chaque Océan supérieur d'une lieue, de manière que le millième, comme le plus excentrique, n'en avait plus qu'une de diamètre, m'avait paru remplir d'une manière assés peu erronée les conditions du problème.

Mais cette évaluation conjecturale, qui tendait à ne retrancher que la moitié du nombre, que le principe de la raréfaction m'avait fait ajouter à l'étendue du globe actuel, me conduisait à un résultat effrayant. Il s'ensuivait que la Terre aurait eu, dans son premier age, 1,432,500 lieues, de diamètre, et environ 4,300,000 de circonférence.

Ce résultat absurde m'ouvrit les yeux. — Persuadé que quand il s'agissait de poser des bases, les mathématiques étaient un guide plus sûr que l'imagination, je me déterminai à chercher le vrai calcul de la diminution graduée de mes mille Océans, et je sacrifiai plusieurs mois de travail à donner un résultat d'une demi-page.

Je reconnus aisément que le principe mathématique dont j'avais besoin, était que la solidité des sphères est comme le cube des rayons.

Pour ne point m'engager dans des calculs erronés, je fis part des premiers éléments de ma théorie, à M. de la Place, un de nos grands géomètres, et cet Académicien me mit, en formule algébrique, la loi qui devait servir de base à mon travail; l'auteur d'une Trigonométrie sphérique très estimée, M. Mauduit, ajouta à ce service, celui de chercher lui-même quelques uns des résultats, par la voye des Logarithmes.

Malheureusement, à mesure que j'avançais dans ma carrière, les épines se multipliaient : la méthode des Logarithmes m'avait sauvé du Labyrinthe xxxviij ÉCLAIRCISSEMENTS

inextricable des calculs numéraires; mais arrivé à l'évaluation du rayon de mes atmosphères, je ne trouvai plus de guide dans les Tables les plus étendues, même dans celles de Gardiner; ajoutons que, quand il s'agit de rapport entre des nombres primitifs de six ou sept chiffres, les résultats n'offrent pas des différences assés sensibles pour être appréciées par l'œil de l'entendement. Dans cette perplexité, je cherchai entre les intervalles les plus opposés des moyennes proportionnelles, et si cette méthode m'a induit dans quelques erreurs, elles sont probablement assés légères, pour me mériter l'indulgence même des Géomètres.

Après ces préliminaires, je vais présenter quelques détails sur la partie technique de mes Tables de la raréfaction des Planètes; parceque, encore une fois, je n'ai point de doctrine secrete, comme les prêtres de l'ancienne Egypte, et que j'aime mieux être jugé rigoureusement, que d'induire en erreur des hommes, qui croyent à la franchise de mes recherches.

Je me suis très étendu, dans le texte, sur les élémens de la raréfaction de la Terre, et ce serait abuser de l'intelligence de mes lecteurs, que d'ajouter à ce texte de nouveaux développemens;

Voici ma marche sur Mercure, elle servira à éclairer sur celle des autres Planètes.

La densité de Mercure étant un peu plus du double de celle de la Terre, il est évident qu'il faut au moins doubler les élémens de sa raréfaction.

J'ai donc multiplié son diamètre de 1166 lieues astronomiques, par 2000, et j'en ai divisé le produit par 2865, qui exprime le diamètre de notre globe; cette opération m'a donné 814 sphères fluides, parfaitement égales, qui désignent la masse entière de Mercure, raréfiée par l'incendie primitif.

Ensuite j'ai appliqué la loi mathématique sur le rapport de la solidité des Sphères, au cube de leurs rayons, et j'ai trouvé, en premier lieu, que le rayon de la Sphère la plus excentrique, c'est-à-dire, de la huit cent quatorzième Sphère, n'avait plus qu'un rayon de cinq lieues, et vingt quatre toises; et en second lieu, que la valeur numérique du rayon du Système entier des 814 Sphères, n'était que de 13375 lieues et neuf toises.

En doublant le rayon du Système, j'ai eu son diamètre, et en suivant la proportion connue de 7 à 22, j'ai obtenu sa circonférence:

Il m'a fallu un grand nombre de règles de trois, pour trouver la hauteur de la mer de Mercure, dans son état naturel, qui est de deux lieues, onze cents trente deux toises.

Mais a cause de la densité double de cette Planète, il faut, pour trouver la raréfaction de ses mers, multiplier, non par 14000, élément de celle de l'Océan terrestre, mais par 28000 : je dois ensuite diviser le résultat par 2865, diamètre de notre globe, et le dernier produit me donne 24 Océans à 1123 lieues. Cette derniere fraction peut-être négligée.

Si j'ajoute 24 Sphères fluides au nombre trouvé de 814, je trouve 838, qui caractérise le Système entier, dont la valeur numérique du rayon est 13505 lieues et 5 toises : ce dernier nombre soustrait de la valeur numérique, déjà désignée, du rayon de 814 Sphères, me donne 130 lieues, pour exprimer le rayon des mers de Mercure superposées, et dans leur état de raréfaction.

Pour trouver la raréfaction de l'atmosphère de Mercure, je prens trente fois le rayon de son globe actuel, et j'en multiplie le produit par 7560 ; le résultat, divisé par la valeur du diamètre de notre globe, donne 46051 Sphères fluides, qui parce que le rapport de la densité de la Planète avec la nôtre est de 203770 à 100000, doit se porter à environ 93140.

La valeur numérique du rayon du Système total se trouvant de 64934 lieues et 1141 toises, je n'ai plus que deux règles d'arithmétique connues, à faire, pour rencontrer le diamètre de Mercure avec ses deux atmosphères, et sa circonférence.

Page 251.

(Sur la masse intérieure du globe).

J'ai consulté, pour la partie technique de ce chapitre, les sources les plus pures : telles que les deux volumes de la *Minéralogie* de Wallérius, la *Pyritologie* de Henckel, la traduction Française d'un ouvrage de l'illustre Bergmann, connu parmi nous, sous le nom de *Manuel du Minéralogiste*, le tome II des *Lettres Physiques* de l'ingénieux De Luc *sur l'histoire de la Terre*, et le tome I de la *Minéralogie* de Buffon.

Page 253.

(Sur la composition du granit),

J'ignore pourquoi, dans l'énumération des substances qui composent le Granit, Buffon oublie la Stéatite : il est probable qu'elle ne se conciliait pas avec ses idées favorites ; Cependant, c'est aux Systêmes à se plier aux faits, et non aux faits à se plier aux Systêmes.

Un sçavant Naturaliste de Genève, déclare formellement, que la surface douce et presque onctueuse de la Stéatite, son infusibilité, la terre de Magnésie qu'elle renferme, la rendent très facile à reconnaître. *Voyages dans les Alpes* de Bened. de Saussure, tome I, pag. 109 ; on peut ajouter à ces qualités distinctives une grande légèreté ; car il est des Stéatites, dont la pésanteur n'est à celle de l'Eau, que comme 2635 est à 1000. Buffon, en dépouillant tout Granit de Stéatite, n'a donc vu que le Granit de ses Systêmes, et non celui de la nature.

Tout les Minéralogistes qui ont parlé du Granit, l'ont composé avec le Quartz, le Mica, le Feld-Spath, le Schorl et la Stéatite : il y a des variétés où ces substances sont réunies deux à deux, trois à trois, quatre à quatre, mais d'ordinaire avec le Quartz pour base. Celle qui admet le Quartz et la Stéatite est le *Saxum molare* de Wallerius. Elle est d'autant plus remarquable, que c'est la Stéatite qui y domine : le Quartz n'y paraît qu'en petits grains enveloppés par l'autre substance, ce qui lui donne la forme d'une pierre sablonneuse. Voy. *Manuel de minéralog.* par Torbern Bergmann, pag. 305.

Page 258.

(SUR LES LITS DE QUARTZ).

L'anecdote sur le lit de la Nata est tirée de *l'Histoire Naturelle de l'Espagne*, tome I, pag. 448.

Celle du banc de dix mille toises, de Salvert, d'un mémoire de Guettard, sur la minéralogie d'Auvergne, inséré dans ceux de l'*Académie des Sciences*, année 1759.

Et les observations sur le Grimsel dans les Alpes Suisses, d'un *voyage de Bourrit*, dédié adroitement à Buffon, tome II, chap. 3.

Page 267.

(D'UN PARADOXE SUR LES MONTS VITRESCIBLES).

On a prétendu de nos jours que les Monts de Granit, pourraient être des matières calcaires, qui auraient perdu leur air fixe, et leur Phlogistique. Cette idée étrange, que la théologie peut admettre, mais à laquelle la physique se refuse, n'est bonne que dans une explication du déluge : on la trouve cependant dans un sçavant ouvrage du citoyen de Genève, De Luc, sur la théorie du globe, qui a pour titre, *Lettres Physiques et Morales*, tome IV, pag. 323.

Page 270.

(DE LA PROJECTION DES MONTAGNES PRIMORDIALES).

Il suffit de descendre dans les mines, et de considérer les produits les plus vulgaires des fourneaux, pour se convaincre de l'énergie du feu primitif, et du pouvoir qu'il eut de lancer à six mille toises, du noyau du globe, les chaînes des Monts primordiaux. Un simple bloc de métal fondu représente, à proportion de sa masse, des scories infiniment plus considérables ; et je m'étonne moins de voir le Caucase et le Chimboraço suspendus sur notre Planète, que des anfractuosités d'un simple fragment de mâchefer.

Page 271.

(SUR LE JASPE),

Comme les amateurs de Physique des Capitales, qui ne connaissent la nature que par les petits échantillons défigurés de leurs cabinets, ne supposent pas que le Jaspe puisse fournir autre chose que des meubles de luxe, de trois à quatre pieds de surface, il est important de citer des authorités qui les empêchent de blasphémer la nature.

La montagne de Jaspe, que Gmelin a escaladée, est située sur un faux bras de l'Argun, et on en a tiré, dit-il, anciennement plusieurs milliers de livres. *Voyage en Sibérie*, tome II, pag. 81.

On peut consulter sur les carrières dont parle Pallas, l'édition Française in quarto de ses voyages, tome I. Depuis 405, jusqu'à 421.

Le trait sur le Caucase, est tiré d'une relation manuscrite de Guldenstædt, insérée dans le recueil de Gerhard, *pour servir à l'Histoire Naturelle du règne Minéral*, tome I, pag. 151.

Mais l'anecdote la plus précieuse sur le Jaspe, vient d'un *Mémoire sur l'Histoire Naturelle de la Lorraine*, communiqué par l'abbé Bexon à Buffon, et qui se trouve à la page 69 du tome I de sa *Minéralogie*.

» On voit, dit le physicien, dans les Vosges, une
» montagne, où le Jaspe traverse et serpente entre les
« masses de Quartz, par larges veines sinueuses, qui
« représentent les soupiraux par lesquels s'exhalaient
» les sublimations métalliques ; car toutes ces veines
« sont diversement colorées, et partout où elles com-

» mencent à prendre des couleurs, la pâte Quart-
» zeuse s'adoucit, et semble se fondre en Jaspe; en sor-
» te qu'on peut avoir dans le même échantillon, et la
» matière Quartzeuse et le filon Jaspé. Ces veines de
» Jaspe sont de différente dimension: les unes sont lar-
» ges de plusieurs pieds, et les autres seulement de
» quelques pouces; et par-tout où la veine n'est
» pas pleine, mais laisse quelques bouillons ou
» interstices vuides, on voit de belles cristallisations,
» dont plusieurs sont colorées. On peut contem-
» pler en grand ces effets de la nature, dans cette
» belle montagne; elle est coupée à pic par dif-
» férens groupes, sur trois et quatre cents pieds
» de hauteur; et sur ses flancs, couverts d'énormes
» quartiers rompus et entassés, comme de vastes
» ruines, s'élèvent encore d'énormes pyramides
» de ce même rocher, tranché et mis à pic du
» côté du vallon. Cette montagne, la dernière
» des Vosges Lorraines, sur les confins de la
» Franche-Comté, à l'entrée du canton nommé
» le Valdajol, fermait en effet un Vallon très
» profond, dont les Eaux, par un effort terrible,
» ont rompu la barrière de Roche, et se sont
» ouvert un passage au milieu de la masse de la
» montagne, dont les hautes ruines sont suspen-

» dues de chaque côté. Au fond coule un torrent,
» dont le bruit accroît l'émotion, qu'inspire l'aspect
» menaçant, et la sauvage beauté de cet antique
» Temple de la nature, l'un des lieux du monde
» peut-être, où l'on peut voir une des plus grandes
» coupes d'une montagne vitreuse, et contempler
» plus en grand le travail de la nature dans ces
» masses primitives du globe.

Page 272.

(SUR UNE CARRIÈRE DE PORPHYRE).

Voyés sur ce beau monument naturel de la Dalécarlie Orientale, Tilas, *Histoire des Roches*, pag. 13 et *Minéralogie de Wallerius*, tome I, pag. 176, etc.

Page 265.

(SUR LES MONTAGNES PRIMORDIALES).

Lorsque, dans le premier volume de cet ouvrage, j'ai parlé de la communication du Caucase avec toutes les montagnes du globe, je n'ai pu donner qu'un apperçu général : parce que, si j'étais entré dans de grands détails, une nomenclature aride aurait fait perdre, à chaque instant, au lecteur le rapport direct ou indirect de toutes les éminences de la Terre, avec le Mont Primitif dont elles semblent émaner ; maintenant que ce tableau a fait son effet, revenons un peu sur nos pas, et pour ne rien laisser à désirer sur la charpente du globe, ajoutons quelques coups de crayons, sur des montagnes que nous avons passées sous silence, ou que, par amour pour la précision, nous n'avons fait qu'indiquer.

Chaîne Altaïque. — Nous devons à Pallas nos connaissances sur ces Colosses de Granit, de l'Asie Septentrionale ; la partie la plus élevée de la Chaîne, est au Mont-Boghdo, limite naturelle des Mongols et des Kalmouks ; de ce Mont-Boghdo, dont les pics, élancés au-dessus des neiges, dominent toutes les montagnes de l'Asie Boréale, partent deux grandes et deux moyennes Chaînes, comme d'un centre commun : celle qui va au Sud, se réunit aux montagnes du Tibet.

Une Chaîne moins considérable va à l'Occident, se distribuer entre le désert des Tartares indépendants et la Buckarie, communique par des ramifications secondaires, avec les extrémités de la Chaîne Ouralienne, et se perd dans les montagnes de la Perse.

Une troisième va à l'Orient, remplir la Mongolie
de

de rochers énormes, sépare les eaux de l'Amur, d'avec celles du Fleuve Jaune, et finit par la Chaîne détournée, qui forme la Corée, et par l'Archipel situé vers le Japon.

La quatrième Chaîne, qu'on peut regarder comme la Chaîne Altaïque, par excellence, forme les Frontières de la Sibérie, depuis l'Irtisch, jusqu'au fleuve Amur; quand cette Chaîne est vers la source de l'Oby, elle semble s'éloigner, pour embrasser et réunir les grandes rivières, qui composent le Jénisei; ce premier rang de montagnes Granitiques, s'élève jusqu'à la région des nuages.

CHAÎNE OURALIENNE. — C'est un des théâtres des découvertes de Pallas: mais il faut attendre que l'édition de ses voyages soit terminée, pour que la Géographie s'en empare; ce n'est qu'alors qu'on pourra suivre dans toutes ses sinuosités, cette Chaîne mémorable, depuis le point où elle se lie avec le Caucase, jusqu'à la côte, située vis-à-vis la Nouvelle Zemble, où elle va se perdre.

CHAÎNE CARPATHIENNE. — Elle borde la Moravie, la Silésie, la Russie, et s'étend en forme de croissant, au nord de la Hongrie et de la Transylvanie; les montagnes de la Valachie, n'en sont probablement qu'une prolongation; c'est au Comté de Zips, qu'on est tenté, à cause de l'élévation des Pics, de placer le centre de la Chaîne.

Chaîne des Alpes. — Si on consulte la *description des Glaciers* de Gruner, les *Voyages* de Coxe, de Bourrit, de Saussure, et sur-tout les *Observations sur les Pyrénées*, de l'ingénieux Ramond, on se formera une idée nette de la configuration de cet énorme massif, qui semble soutenir la charpente de l'Europe.

Les Alpes, à en croire ce dernier Physicien, ont leur origine vers les hauteurs qui dominent le Bosphore; elles cotoyent de près le Golfe Adriatique, s'élèvent sensiblement en Dalmatie, commencent à se hérisser dans la Carniole, cotoyent la Carinthie, entrent dans le Tirol, et s'unissent avec une Chaîne de l'Autriche; leur hauteur s'en accroît; et au midi d'Inspruck, elles portent déjà des glaces éternelles.

Le Chaînon, qui traverse le Tirol, expire au bord de l'Inn; mais la crête se repliant au midi, passe à un Chaînon Méridional, dans le pays des Grisons, et devient peu à peu la crête générale.

C'est aux sources du Rhin, que les Alpes se rehaussent, de toutes les Chaînes qui s'y rassemblent.

La masse des Alpes se fend à la Fourque, en deux branches divergentes, que le Valais sépare ; la plus Septentrionale est distinguée par le Grimsel, le Waterhorn, et le Schreckorn, qui ne le cèdent guères qu'au Mont-Blanc ; mais cette hauteur s'abaisse dans le Gemmi, et finit par expirer, devant le Lac de Genève.

Le second rang est au midi ; le Mont-Rosa, le grand Saint-Bernard, et le Mont-Vélan se distinguent dans cette branche ; et la Chaîne, se repliant vers la branche Septentrionale, se termine par le Mont-Blanc, qui semble placé entre les deux branches, pour les régir toutes deux.

On sçait que les Alpes, envoyent les plus beaux fleuves de l'Europe, aux quatre mers qui l'environnent.

Page 273.

(Sur le granit qui forme la base des Chaînes Primordiales).

Ce principe si neuf, il y a un demi siècle, est devenu depuis quelques temps, un des articles du symbole des minéralogistes.

Si l'on cherche des authorités sur les applications générales, on en rencontre à chaque pas, pourvû cependant qu'on lise les ouvrages d'Histoire Naturelle, dans l'esprit dans lequel ils ont été écrits, et non d'après l'esprit de ses propres Systêmes.

» Les montagnes primitives Schisteuses, qui, par
» toute la Terre, accompagnent les Chaînes Graniti-
» ques, comprennent les roches Quartzeuses, les
» Spathiques, les Grais purs, le Porphyre, le Jaspe,
» et semblent, aussi bien que le Granit, antérieures
» à la création organisée. Voy. Pallas, *Discours
» sur les montagnes*, pag. 50.

» Le massif des montagnes glacées de la Suisse,
» est composé, comme celui de toutes les hautes
» montagnes du globe. Le noyau est une roche
» vitreuse, qui s'étend jusqu'à leur sommet: la
» partie au-dessous, à commencer du point, où
» elles ont été couvertes des eaux de la mer, est
» composée, en revêtissement, de pierres calcaires,
» ainsi que toute la charpente des montagnes d'un
» ordre inférieur, qui sont grouppées sur la base
» des montagnes primitives. Voy. Gruner, *Histoire
» Naturelle des Glaciers de la Suisse*, Pass.

» Le Granit, forme la matière des montagnes
» les plus élevées, telles que les Chaînes cen-
» trales des Alpes, des Cordillières, de l'Oural, des
» Monts Altaïques, et du Caucase: ces montagnes
» Granitiques, servent de base aux montagnes de

» pierres Calcaires et d'ardoises, et ont parconsé-
» quent existé avant elles, *Voyages dans les*
» *Alpes*, de Ben. de Saussure, tome I, pag. 135.

Ferber, le sçavant Ferber, ne s'éloigne point
de ces idées générales: il pense qu'il y a un ordre
à peu près invariable, pour la composition des
Chaînes: suivant lui, on traverse d'abord les
montagnes Calcaires, ensuite les Schiteuses, et
enfin celles de Granit, qui les dominent toutes:
et qu'on redescend par le même ordre de Granitiques, de Schiteuses et de Calcaires: ce naturaliste célèbre l'a observé dans les Alpes du Tirol,
et prétend que cela est *incontestable* aussi, pour
les montagnes de la Saxe, du Hartz, de la Silésie,
pour les Alpes Helvétiennes, les Pyrénées et les
Monts de la Laponie, *Lettres sur la Minéralogie
de l'Italie*, pag. 495.

Si ensuite des applications générales du principe, on descend aux applications individuelles, on
est étonné de la foule d'authorités qui tiennent
à l'appuy de notre théorie.

Consultés sur le Caucase et ses branches, ainsi
que sur les groupes des montagnes du Tibet et
de Cachemire le *Discours* de Pallas, *sur les montagnes*; pag. 20 et *alias*.

Mon authorité sur le Granit du Mont Sinaï, est la *Description de l'Arabie*, de Niebhur, tome II, pag. 278.

Le Granit de la Chaîne Ouralienne, est consacré par Gmelin, dans *l'Histoire des découvertes des Voyageurs*, tom. IV, pag. 73. et par Pallas. *Voyages*, tome I. pag. XVII. Ce dernier dit expressément.

« La base de la Chaîne (Ouralienne), ou pour
» mieux dire, sa masse minéralogique, est com-
» posée de Granit et d'autres matières vitrifiées...
» on y rencontre quelquefois des montagnes, qui
» sont entièrement de Quartz... on voit à l'Est un
» Schiste corné, et des roches Micacées suivies
» de Jaspe : à l'Ouest, on trouve le plus souvent
» une pierre sablonneuse Micacée, quelquefois
» très compacte, qui forme alternativement de
» hautes montagnes... dans la Baschkirie, la Chaîne
» minéralogique s'élève en hauts rochers, qui ont
» l'air d'être des Monts primitifs : on y découvre
» du Granit et du Schiste, élancés en pics d'une
» hauteur prodigieuse : c'est sur cette Chaîne
» qu'est assis le Schiste sablonneux qui fournit
» à la Russie, de si excellentes mines de Cuivre »

Les authorités sur le Granit des montagnes de l'Afrique, se réduisent à un petit nombre de textes, parce que peu de naturalistes ont osé escalader les Alpes de cette Zone Torride.

» Les rochers, dit le célèbre Cook, qui servent
» de base aux collines, sont composés principa-
» lement d'une pierre très dure, d'un bleu foncé,
» entremêlée de particules de Mica ou de Quartz,
» (c'est une espèce de Granit); il semble que
» cette pierre, est une des productions les plus
» universelles de la nature : car elle remplit toutes
» les montagnes du Cap de bonne Espérance, de la
» Suède, de l'Ecosse et des Canaries, *troisième*
» *Voyage*, édit. *in-8°*. tome I, pag. 185.

» Le pied de la montagne de la Table (au Cap
» de bonne Espérance), est encombré d'une
» grande quantité d'éclats de rochers, qui parais-
» sent en avoir fait partie, et s'en être détachés :
» la base est un Granit pur; et jusqu'à son som-
» met, elle paraît être alternativement composée
» de couches horizontales de Granit et de terre.
» D'après les mesures données par l'abbé de la
» Caille, elle s'élève à trois mille six cents pieds
» au-dessus du niveau de la mer. *Voyag. en Afrique*
» *de le Vaillant*, tome I, pag. 66.

Le texte de Cook, que j'ai cité sur la nouvelle Calédonie, se trouve dans son *second Voyage*,

édit. *in-8°*. tome II, pag. 24. « Vers le centre
» de l'Isle, dit-il, les montagnes intérieures pres-
» qu'entièrement dépouillées de terre végétale, n'of-
» frent qu'un Mica rouge et brillant, et de gros
» morceaux de Quartz : ce sol ne produit pas
» beaucoup de végétaux... aussi nous avons jugé
» qu'il n'y avait pas plus de cinquante mille ames
» sur une côte de mer, de près de deux cents
» lieues.

Mes garants sur le Granit des Monts Ryphées,
est le voyage de Sthralemberg, tome I, pag. 319.
— Sur celui des rochers du Groënland, l'*Histoire des découvertes, faites dans le Nord*, par Forster, tome II, pag. 69, et sur celui des montagnes de la Suède, de la Laponie et de la Norwège, les *Lettres sur la minéralogie de l'Italie*; de Ferber, pag. 147 et 343.

Le Granit des montagnes de la France, nous touchant de plus près, à cause de la facilité de vérifier cette partie importante de notre théorie, nous allons nous permettre à cet égard quelques détails.

Béguillet s'est beaucoup étendu sur le Granit de la Bourgogne : et nous renvoyons sur ce sujet à la partie de la *description pittoresque de la France*, qui traite de la minéralogie de cette province, seconde partie, pag. 235 : on ne sçauroit guères extraire cet écrivain prolixe, sans faire un volume.

» Les Cevennes me semblent un point central,
» auquel on doit rapporter les principales monta-
» gnes Granitiques de la France. Celles-ci partent
» la plupart de ce centre, et on pourrait les
» regarder comme les branches de ce tronc pri-
» mitif.

» Nous prendrions pour première branche, celle
» qui traverse une partie du Forez et de la Bour-
» gogne, jusqu'à Avalon, où elle finit. Ce ra-
» meau à plus de soixante et dix lieues de long,
» cette Chaîne est composée pour la majeure partie
» de Granit. On y trouve aussi beaucoup de
» Porphyre... parmi les mines métalliques qu'on
» y exploite avec succès, on distingue, une gale-
» rie d'environ cent pieds, toute creusée dans le
» Granit...

» La seconde Chaîne de ces montagnes se sépare
» de la grande masse, au-dessus de Saint-Rambert
» d'un côté, et de l'autre au-dessus d'Issoire et
» de Billon en Auvergne. Ces deux rameaux sont
» séparés par la Loire, qui abandonne en cet
» endroit les montagnes Granitiques, pour entrer

» dans la plaine Calcaire de Montbrison. Cette
» seconde Chaîne qui sépare le Forez de l'Auver-
» gne, vient se rejoindre à la première, du coté
» de Roanne: ensorte qu'on dirait que la plaine
» de Montbrison a été autrefois un Lac, qui s'est
» écoulé par la gorge qu'arrose la Loire.

» La troisième Chaîne se sépare de la précédente,
» au-dessus de Billon et d'Issoire, passe au Puy-
» de-Dôme, s'étend du coté du Limousin et de
» la Marche... elle se propage par le Poitou, jus-
» qu'aux Sables d'Olonne...

» La quatrième, est du coté de Toulouse: elle
» traverse le pays de Foix, sépare les eaux qui se
» jettent dans la Méditerranée et l'Océan, et va
» communiquer aux Pyrénées, qu'on doit regarder
» comme un autre centre de montagnes Graniti-
» ques, qui s'étendent aux deux mers, et d'où
» partent toutes celles de l'Espagne...

» La cinquième Chaîne de ces montagnes Grani-
» tiques, se sépare du coté de Viviers, du Pont
» Saint Esprit, et va se perdre du coté d'Alais.

» Enfin, la sixième Chaîne se sépare de la
» grande masse au-dessus de Tournon, traverse
» le Rhône; passe à Vienne en Dauphiné, et
» va se joindre aux Alpes, du coté de Briançon,

» Tels sont les principaux rameaux Granitiques,
» des Cevennes... Voy. *Journal de Physique*
» tome XXX, pag. 15.

L'inspecteur des mines, Monnet, a donné dans le même ouvrage, un mémoire sur le Granit de notre province de Bretagne.

» La Bretagne, dit-il, est un pays presqu'en-
» tièrement formé de Granit, de Schiste Grani-
» teux, de Grès de montagne, de Schiste Talqueux
» et d'Ardoise... et parmi ses roches de Granit,
» il n'en est pas qui mérite plus d'attention que
» celles d'Hueigouet en basse Bretagne.

» Tout le terrein sur lequel ce bourg est posé,
» est formé des plus grandes masses de Granit
» gris, que l'on puisse voir... elles sont entassées
» les unes sur les autres, et forment des grouppes
» que les yeux du Naturaliste ne se lassent pas d'ad-
» mirer... il est une de ces roches qui a 45 pieds
» de hauteur, et qui ne portant sur la monta-
» gne, que par un seul de ses angles, semble à
» tout moment sur le point de s'en détacher...
» une autre, nommée dans les pays, la *roche bran-
» lante*, mesurée mathématiquement, a vingt un
» pieds de long, sur sept, dans les deux dimensions
» de hauteur et de largeur; elle pèse 219912 livres,

» et renferme 1160 pieds cubes de matière... cette
» masse est mobile, ce qui peut venir de ce qu'elle
» ne porte que sur un seul point vers son centre.
؟ Voy. *Journal de Physique*, tomo XXIV, pag. 129.

Pour connaître le Granit des Apennins, je renvoye au sçavant Ferber, déjà cité plusieurs fois. *Lettr. sur la mineralog.*, pag. 54, 343, 473 et 495.

Deux hommes de lettres estimés, l'ingénieux Ramond, traducteur des *Lettres sur la Suisse* de Coxe, et le sçavant Bowles, nous ont donné quelques lumières sur le Granit, qui forme la base de la Chaîne-mère des Pyrénées.

» Tout est Granit dans la haute région que nous
» parcourions: cette roche disposée en masses
» énormes, sur lesquelles les Pics, dont nous
» étions dominés, tous formés de feuillets pyrami-
» daux, semblent accidentellement posés, se dis-
» tingue ici de toutes celles de même espèce,
» par des crystaux de Feld-Spath, confusément
» semés dans toute sa substance. Ces crystaux,
» moins destructibles à l'air que les autres composants
» du Granit, s'y montrent en saillie, et rendent ac-
» cessibles des rochers, sur la pente desquels le
» pied n'aurait pu trouver un appuy. La masse de

» ce Granit, forme une calotte d'une très-grande
» étendue... et comme il s'en écroule sans cesse
» un grand nombre de blocs, les curieux peuvent
» examiner cette roche, sans s'exposer aux dan-
» gers inséparables des voyages que l'on entre-
» prendrait, pour la chercher dans les Monts
» mêmes, dont elle constitue la masse». *Observations faites dans les Pyrénées*, pag. 182.

L'histoire Naturelle de l'Espagne, par le sçavant Bowles, renferme en divers textes et sur-tout aux pages 260, 440, 448, des anecdotes non moins sûres, sur le Granit fondamental des Chaînes de cette monarchie.

On y voit, que la Chaîne des Monts Carpentins est presque toute de cette substance, que le Granit blanc de l'Escurial et le rouge de Saint-Ildefonse, perdent de leur couleur, quand le contact de l'air les décompose, et que ces massifs renferment quelquefois des blocs de Quartz blanc et de crystal de roche.

Quand aux Alpes de la Suisse, tous les voyageurs les plus estimés se réunissent a voir le Granit, composer le corps même des hautes Chaînes. Voyez les *Lettres sur la Suisse*, de William Coxe, le *Voyage* de M. Bourrit, le *Voyage pittoresque*

lxij ÉCLAIRCISSEMENTS
de M. de la Borde, les *Lettres Physiques et Morales* de J. A. De Luc; et le *Voyage dans les Alpes*, d'Horace Benedict de Saussure.

On lit à la page 502 du tome I, de l'ouvrage de ce dernier, un texte précieux que je vais transcrire.

» Si l'on consulte les auteurs, qui ont parlé
» de la structure des montagnes de Granit, on
» verra que presque tous disent, que les pierres
» de ce genre se trouvent en masses informes,
» entassées sans aucun ordre: la source de ce
» préjugé vient principalement de ce qu'on a crû
» trouver du désordre, par tout où l'on n'a pas
» vû de couches horizontales; mais tout homme qui
» observera en grand, et sans aucune prévention,
» la structure de ces hautes Chaines de monta-
» gnes de Granit, reconnaîtra qu'elles sont com-
» posées de grandes lames ou feuillets pyrami-
» daux, appuyés les uns contre les autres... Ces
» feuillets sont tous à peu près verticaux; ceux
» du centre ou du cœur de la Chaine, le sont presque
» toujours; mais les autres, à mesure qu'ils s'en
» éloignent, s'inclinent en s'appuyant contre ce
» même centre ». *Voyages dans les Alpes*, tome I, pag. 502.

ET NOTES. lxiij

Voici un autre texte après lequel on peut se
dispenser de lire les voyageurs.

« En montant le long du bord, du coté de Cha-
» mouni, j'eus un plaisir inexprimable à contem-
» pler les magnifiques tables de Granit, dont est
» composée toute la tête de cette montagne. Car
» bien que les écailles du Mica noirâtre, dont cette
» roche est mélangée, soient parallèles entr'elles,
» et lui donnent ainsi quelque ressemblance avec
» une roche feuilletée, cependant, la quantité de
» Quartz et de Feld Spath, qui entrent dans sa
» composition, son extrême dureté, le peu de
» disposition qu'elle a à se fondre dans le sens de
» ses feuillets, la placent, sinon pour le nomen-
» clateur, du moins pour le naturaliste, dans la
» classe des vrais Granits ; et le parfait parallélis-
» me de ces feuillets avec les faces des grandes
» tables, ou des grandes divisions du rocher,
» démontre que ces tables sont des couches, et
» non des parties séparées par des fissures acci-
» dentelles.

« L'extrême régularité de ces tables achève de
» démontrer que ce sont de véritables couches.
» Leurs plans qui sont ici à découvert, dans une
» hauteur perpendiculaire de plus de 500 pieds,

» sont parfaitement suivis, comme taillés au ciseau,
» dirigés tous comme l'aiguille aimantée, et verti-
» caux, à quelques dégrés près, dont-ils s'appuyent
» contre le corps de la montagne. On s'assure en
» montant, que cette structure est celle de la mon-
» tagne entière; on voit les profils d'une infinité
» de ces couches, on passe sur les sommités de
» ces tranches verticales, et on les voit se prolon-
» ger, dans cette même direction, tout au travers
» de la montagne. *Voyages dans les Alpes* du
» même auteur, tome III, pag. 70.

Page 286.

(SUR LA RÉSOLUTION DU GRANIT EN ROCHE VIVE).

Cette grande et belle observation qui avait échappé à tant de physiciens et de voyageurs, est due
à Buffon, voyez le tome I, de sa *Minéralogie*,
pag. 52.

Page 288.

DES ROCHES PRIMORDIALES, POSÉES DE CHAMP SUR DES MONTAGNES SECONDAIRES).

» Immédiatement au-dessus de la source miné-
» rales des Eaux de Saxe, est un rocher qui ré-
» pond si précisément, à un autre rocher de la
» même nature, situé de l'autre coté de la vallée

de

« de Courmayeur, qu'on ne sçaurait douter qu'ils
» n'ayent été anciennement unis par une montagne
» intermédiaire, détruite par les ravages du temps.

» Ces rochers sont composés d'une roche feuil-
» letée, Quartz et Mica. Leurs couches sont planes,
» bien prononcées, et parfaitement parallèles aux
» petits feuillets intérieurs de la pierre. Ces cou-
» ches qui sont inclinées, en montant contre le
» Nord-Ouest, reposent sur d'autres couches d'un
» Schiste tendre et brillant. Au premier coup-d'œil,
» ce Schiste ne paraît composé que de Mica;
» mais quand on l'expose au chalumeau, le Mica
» coule, s'affaisse et laisse voir les grains infusi-
» bles d'un sable fin, Quartzeux, qui entre dans
» la composition de la pierre. Sous ce Schiste
» Micacé et Quartzeux, on trouve des couches d'un
» Schiste Argilleux, d'où sortent des efflorescen-
» ces Vitrioliques ; et ces Schistes prennent par
» gradations la nature de l'ardoise commune.
Voyages dans les Alpes, de Benedict de Saussure, tome IV, pag. 54.

La théorie qui attribue à des bouleversements
du globe, où à l'explosion des torrents, la superposition des roches primitives sur les couches

secondaires, est confirmée par les observations de Ferber.

« Il y a, dit-il, de gros morceaux de Granit et
» de Quartz, qui viennent des montagnes primitives
» du Tirol, épars sur les champs des environs de
» *Gallio*, d'*Asiago*, de *Camporovere*, et d'autres
» endroits tous situés dans la montagne... Ces
» morceaux sont de même nature que ceux qu'en-
» traînent dans leurs cours l'Adige et la Brenta, en
» sortant des Monts du Tirol; et il faut concevoir que
» le cours de ces rivières, avant qu'elles n'eussent
» approfondi leurs vallées, était au niveau de ces
» morceaux détachés des montagnes, qui n'ont
» pû être entraînés et transportés sur ces couches
» Calcaires que par les Eaux ». *Lettres sur la
Minéralogie*, par Ferber, pag. 54.

Voici un autre témoignage, par rapport aux blocs isolés de Granit, qu'on rencontre dans les vallées de Pyrénées.

« Vous rencontrés dans une vallée des Pyrénées
» des blocs énormes; ce sont les débris de quel-
» ques montagnes formées par le prolongement
» des masses de Granit, qu'on trouve vers l'entrée
» de la vallée de Louron, et qu'un tremblement
» de Terre aura peut-être renversées. Ce boulever-

» sement n'a pu arriver, qu'après la formation des
» bancs Calcaires Argilleux, qui traversent cette
» vallée, puisque ces bancs sont couverts de Granit;
» on voit régner ce désordre dans une grande
» partie du terrein, qui se trouve entre le village
» de Saint Paul et celui d'Oo ». *Essai sur la Mineralogie des Monts Pyrenées*, pag. 205.

Pallas a été trop circonspect à la page 6 du tome I de son voyage, quand il a laissé entendre qu'on pouvait former un autre Système, sur les roches de Granit ainsi superposées.

Page 292.

(Sur les montagnes indéterminées).

Cette association de mots, si étonnés de se trouver ensemble sous la plume d'un physicien, se voit *Lettres Physiques et Morales*, tome II, pag. 217 et 218.

Page 293.

(Sur les Granits secondaires).

On voit, à la lecture de la minéralogie de Buffon, qu'il a toujours peur de blesser les idées des physiciens qui ont fait des Systèmes. C'est cette pusillanimité qui lui a fait admettre les Granits secondaires, (tome I, pag. 182).

» Ceux qui voudraient, dit-il, pag. 179, persister
» à croire qu'on doit rapporter à l'Eau la forma-
» tion de tous les Granits, même de ceux qui
» sont grouppés en pyramides dans les montagnes
» primitives, ne voyent pas qu'ils ne font que
» reculer la question. — Est-il permis, sur-tout
quand on a porté presque jusqu'à la démonstration mathématique, la vérité de l'organisation du
Granit par l'interméde de Feu, de composer
ainsi avec le physicien absurde qui en fait
l'ouvrage des Eaux? on compose quand on
doute, mais non quand on établit des vérités.

Même page.

(DE L'OPINION QUE LES EAUX N'ONT JAMAIS SURMONTÉ
LES MONTAGNES PRIMORDIALES).

Cette opinion, dont l'erreur est constatée par
les faits et les raisonnements, se trouve dans
Buffon, *Minéralogie*, tome 1, pag. 155.

» Les sommets des montagnes Graniteuses sont
» généralement plus élevés que les montagnes
» Schiteuses ou Calcaires. Ces sommets paraissent
» n'avoir jamais été surmontés ni travaillés par
» les Eaux, dont la plus grande hauteur nous est
» indiquée par les bancs Calcaires les plus élevés :
» car on ne trouve aucun indice de coquilles, où

» d'autres productions marines, dans l'intérieur de
» ces Granits primitifs, à quelque niveau qu'on les
» prenne.

Pallas n'est pas moins affirmatif, sur une ques)
tion, dont le contraire est démontré en bonne
physique.

» J'avance à l'égard des Chaînes Granitiques et
» des plateaux formés par la vieille roche, que la
» mer, dont on n'y voit aucune trace, ne peut
» jamais les avoir surmontés ». — *Observations sur
la formation des montagnes*, pag. 66.

Page 301.

(Sur les productions marines, trouvées au sommet des montagnes primitives).

L'anecdote singulière de De Luc, se trouve *Lettres Physiques et Morales*, tome I, pag. 408.

Et voyage pittoresque de la Suisse, par M. de la Borde, tome I, pag. II.

Celle de l'Espagnol Dom Ulloa, se lit dans les *voyages* de l'Astronome le Gentil, tome I, pag. 75.

Page 309.

(Sur la communication des Chaînes secondaires et des Chaînes primordiales).

Le texte suivant, en nous éclairant sur les Alpes,

nous éclaire aussi sur l'enchaînement des autres montagnes du globe.

» Plusieurs Chaînes parallèles à celles des hautes
» Alpes, sont de cette nouvelle formation; mais
» les anciennes montagnes et les nouvelles y sont
» tellement enclavées, et ont quelquefois des carac-
» tères si rapprochés, qu'il n'est pas étonnant qu'on
» les ait long-temps confondues. Il faut partout
» traverser ces Chaînes secondaires, pour s'appro-
» cher des hautes Alpes, à l'Ouest ou au Nord-Ouest,
» du moins, qui est le côté que je connois le
» mieux ; c'est celui qui est tourné vers la France,
» la Savoye et la Suisse. Je les ai vues principale-
» ment commencer à Mont-Méhan en Savoye,
» d'où elles remontent quelque temps l'Isère,
» laissant à la droite les montagnes primordiales.
» De là elles viennent environner le Lac d'Annecy,
» et border à plusieurs rangs la rive Méridionale
» de celui de Genève ; renfermant là, après une
» multitude d'autres rameaux parallèles, le Grenier,
» cette montagne élevée de 5800 pieds au-dessus
» du niveau de la mer, qui renferme des cornes
» d'Ammon. En cet endroit, les deux espèces se
» confondent, car le Buet, qui suit presque im-
» médiatement, et qui est le premier des glaciers

» de cette région glaciale, n'est plus de même
» nature ; il paraît appartenir à ces montagnes
» Schisteuses inexplicables. Le Granit suit bien-tôt ;
» car on est près de la Chaîne qui porte l'énorme
» Mont-Blanc, montagne de Granit, à ce qu'on
» peut juger par ses alentours, et par les sédimens
» des Eaux qui viennent de dessous ses glaces. C'est
» là, et dans tous les endroits semblables, qu'on
» doit faire la principale étude des caractères les
» plus rapprochés des deux classes de montagnes.
» J'y suis allé plusieurs fois, mais j'y ai toujours
» été trop occupé de l'air, pour donner à la
» Terre toute l'attention nécessaire à cette re-
» cherche.

» De l'extrémité Orientale du Lac de Genève,
» cette même suite de montagnes secondaires,
» que je nommerai les Bornans, du nom d'une
» partie de leur Chaîne, située dans le voisinage
» de Genève, accompagne encore quelque temps
» les hautes Alpes dans le Valais, à l'Orient du
» Rhône : je ne l'ai pas suivie long-temps dans
» cette direction. Mais je l'ai vûe recommencer
» près de la rive Occidentale de ce Fleuve, dans
» le mandement d'Aigle, et continuer d'accom-
» gner les hautes Alpes, dans les cantons de

» Fribourg et de Berne, où je l'ai de nouveau
» perdue de vue, du moins pour des observations
» suivies. Dans toute l'étendue que je viens de
» tracer, ces montagnes sont de pierre à chaux,
» ordinairement très brune. Ses couches sont
» quelquefois si épaisses que les montagnes ne
» semblent faire qu'une masse; d'autrefois elles
» sont si feuilletées, qu'on les prendrait pour des
» ardoises.

» Cette Chaîne extérieure des Alpes, quoique
» évidemment d'origine marine, a cependant des
» caractères qui la distinguent de la plupart des autres
» montagnes de la même classe; et ces caractères
» semblent annoncer plus d'antiquité. Je crois
» d'abord pouvoir les regarder comme les mon-
» tagnes secondaires les plus hautes de notre con-
» tinent : je ne parle ici que des montagnes ma-
» rines ; ensuite leur destruction est beaucoup
» plus grande que celle d'aucune autre montagne
» de ce genre, qui me soit connue: car elles sont presque
» aussi couronnées de Pics, que les Alpes primor-
» diales; et ces Pics, étant par couches, montrent
» des restes d'anciens sommets, qui devaient avoir
» une grande étendue. Ce qui joint à quelques
» dérangemens dans leurs couches, paraît indi-

» quer que ces montagnes ont été exposées plus
» long-temps que la plupart des autres montagnes
» secondaires, aux révolutions qu'essuyait le fond
» de la mer; et qu'elles en sont sorties déjà fort
» altérées. Je reviendrai à cet objet.

» Mais ce qui frappe le plus dans ces monta-
» gnes, c'est la petite quantité de corps marins
» qu'elles renferment, en comparaison de leur
» masse énorme. Nous y en avons rarement trouvé,
» mon frère et moi, quoique nous les ayons par-
» courues fréquemment. Les rochers de Millerie,
» si fameux, depuis que le grand peintre des
» mouvemens de l'ame en a fait le théâtre d'une
» scène d'amour et de désespoir, sont dans cette
» Chaîne. Le jour même qu'ils inspirèrent Rous-
» seau, nous les avions fouillés ensemble, mais
» notre collection de fossiles n'y gagna rien : et
» si cette montagne ne fournissait à Genève,
» la plus grande partie de son moëllon à bâtir,
» nous ignorerions qu'elle renfermât des dépouilles
» marines ; car elles y sont très rares, et nous n'y
» avons même trouvé que des Cornes d'Ammon.

» Il me paraît donc que ces montagnes sont
» des premières, pour le temps, entre celles que
» la mer a formées ; et que le fond de cette mer

» n'était pas tel alors, qu'il est devenu successi-
» vement, avant qu'elle les ait laissées à sec. Voyez
Lettres Physiques et Morales, de J. A. Le
Luc, tome II, pag. 226.

Page 313.

(Sur la correspondance des angles des
montagnes).

» Ce n'est point dans la Chaîne Altaïque et
» dans le centre de l'Asie, qu'il faut chercher des
» preuves de l'assertion de Bourguet, renouvellée
» par Buffon, sur les angles correspondants des
» montagnes : règle, qui d'ailleurs souffre tant
» d'exceptions, même dans les Chaînes des ordres
» secondaires. Voy. Pallas, *Observations sur la
formation des montagnes*: pag. 42.

» Revenons à ces angles saillans, et rentrans,
» alternativement opposés, qui, lorsque Bourguet
» les annonça, firent un si grand bruit parmi
» les naturalistes, qu'on ne douta plus que toutes
« les montagnes ne fussent l'ouvrage de la mer :
« voici ce que c'est que ce phénomène prétendu
» démonstratif...

» La correspondance des angles appartient bien
» plus aux Eaux qui se frayent une route, qu'à

» celles qui font des dépôts. Une rivière, qui creuse
» son lit, se détourne à la rencontre d'un obsta-
» cle, et ronge le côté opposé ; c'est ce qui pro-
» duit ses Méandres. Mais on ne voit point les
» mêmes causes de zigzags dans les courans au sein
» de la mer ; à moins qu'il n'y ait déjà des mon-
» tagnes.

» En effet, si l'on considère les montagnes et
» les collines, qui par leur couches et les corps
» étrangers qu'elles renferment, montrent sans
» équivoque qu'elles sont l'ouvrage des Eaux,
» on les trouvera le plus souvent rongées sans
» ordre. Quelquesfois elles ne paraissent que des
» monceaux posés çà et là, comme dans une grande
» partie du Piémont ; ou si elles sont sous la forme
» de Chaînes continues, on y trouve peu de
» parallélisme, c'est-à-dire, de ces angles rentrans
» opposés aux angles saillans: tel est le Jura.

» Mais, si les courans de la mer ont trouvé des
» montagnes toutes faites, et qu'ils les ayent tra-
» versées, dans quelque sens que ce soit, ils se
» sont frayé des routes dans les endroits où la
» résistance était moindre, et ont rongé les bords
» de leurs canaux à la manière des rivières. On
» doit donc y trouver du parallélisme.

» Si maintenant on considère la Chaîne des
» Alpes, on verra qu'elle répond fort bien à cet
» effet naturel. Quoique ces montagnes forment
» une Chaîne dans leur ensemble, leurs parties
» supérieures ne montrent aucune sorte d'arran-
» gement particulier, aucune trace de zigzags:
» c'est dans le fond des grandes vallées, ou dans
» les coupures qui servent à l'écoulement des Eaux,
» que ce parallélisme des cotés opposés se remar-
» que, quoiqu'avec bien des exceptions. Et ce
» qu'il y a de plus important à considérer, c'est
» que ces grandes vallées, où les angles saillans et
» rentrans forment l'engrènement le plus sensible,
» coupent ordinairement la Chaîne en travers, au
» lieu de la suivre; ce qui annonce plutôt des-
» truction qu'édification. Ainsi, les angles saillans
» et rentrans, alternativement opposés dans les
» vallées des montagnes, peuvent bien contribuer
» a prouver qu'elles ont été toutes sous les Eaux
» de la mer; mais non que ce soit à la mer qu'elles
» doivent toutes leur origine, voy. *Lettres Physiques et Morales*, de J. A. De Luc, tome II,
pag. 221.

» Je vais parler de la fameuse observation de
» Bourguet sur la correspondance des angles sail-

» lans avec les angles rentrans... Ce qui avait
» fait regarder cette observation comme très
» importante, c'est que l'on avait cru qu'elle
» pourrait servir a démontrer que les vallées ont
» été creusées par des courans de la mer, dans
» le temps où elle couvrait encore les montagnes;
» ou que les montagnes, qui bordent ces vallées,
» avaient été elles-mêmes formées par l'accumu-
» lation des dépôts rejettés sur les bords de ces
» mêmes courans.

» Mais l'inspection des vallées, que l'on décou-
» vre du haut du Cramont, démontre pleinement
» le peu de solidité de ces deux suppositions. En
» effet, toutes les vallées que l'on découvre du
» haut de cette cime, sont fermées au moins à l'une
» de leurs extrémités, et quelques unes à leurs
» deux extrémités, par des cols élevés, ou même
» par des montagnes d'une très grande hauteur:
» toutes sont coupées à angles droits par d'autres
» vallées; et l'on voit enfin clairement que la
» plupart d'entr'elles ont été creusées, non point
» dans la mer, mais ou au moment de sa retraite,
» ou depuis sa retraite, par les Eaux des neiges et
» des pluies.

» On a d'abord sous les yeux la grande vallée

» de l'Allée Blanche, qui étant parallèle à la direc-
» tion générale de cette partie des Alpes, est du
» nombre de celles que je nomme longitudinales ;
» et l'on voit cette vallée barrée à l'une de ses
» extrémités, par le col de la Seigne, et à l'autre,
» par le col Ferret. En se retournant du coté de
» l'Italie, on voit plusieurs vallées à peu-près
» parallèles à celle là, comme celle de la Tuile,
» celle du grand Saint-Bernard, qui toutes abou-
» tissent, par le haut, à quelque col très élevé,
» et par le bas à la Doire, où elles viennent se
» jeter vis-à-vis de quelque montagne qui leur
» correspond de l'autre coté de cette vallée.

» Si l'on considère ensuite cette même vallée
» de la Doire, qui descend de Courmayeur à
» Yvrée, on la verra barrée par le Mont Blanc et
» par la Chaîne centrale qui la coupent à angles
» droits dans sa partie supérieure, on verra cette
» même vallée souffrir, dans un espace de sept
» ou huit lieues, deux ou trois inflexions tout à
» fait brusques ; et on la verra enfin coupée à
» angles droits, par une quantité de vallées qui
» viennent y verser leurs Eaux, et qui sont elles-
» mêmes coupées par d'autres, dont elles reçoi-
» vent aussi ce tribut ; or, quand on réfléchit à

» la largeur et à l'étendue des courans de la mer,
» peut-on concevoir que ces sillons étroits, barrés,
» qui se coupent en échiquier, à de très-petites
» distances, ayent pu être creusés par de sembla-
» bles courans?

» L'observation de la correspondance des angles,
» fût-elle aussi universelle qu'elle l'est peu, ne
» prouverait donc autre chose, sinon que les
» vallées sont nées de la fissure et de l'écartement
» des montagnes, ou qu'elles ont été creusées par
» les torrens et les rivières qui y coulent actuel-
» lement; on voit un grand nombre de vallées
» naître, comme je l'ai fait voir au Bon-Homme,
» sur les flancs d'une montagne, on les voit s'é-
» largir et s'approfondir, à proportion des Eaux qui
» y coulent: un ruisseau qui sort d'un glacier,
» ou qui sort d'une prairie, creuse un sillon,
» petit d'abord, mais qui s'aggrandit successive-
» ment, à mesure que ses Eaux grossissent, par
» la réunion d'autres sources ou d'autres torrens.

Voyages dans les Alpes, par Horace Benedict de Saussure, tome IV, pag. 102.

FIN DES NOTES.

TABLE
DES CHAPITRES.

HYPOTHÈSES sur les premières générations, dans le firmament, Page 1.

DÉVELOPPEMENT des Systêmes Solaires. 29.

ORGANISATION et théorie de notre Systême. 40.

NOUVELLE ORGANISATION de notre monde. 130.

APPERÇU général sur les vrayes époques de la nature. 205.

DE LA MASSE intérieure du globe. 251.

DES MONTAGNES Primordiales. 265.

DES MONTAGNES Secondaires. 503.

ÉCLAIRCISSEMENTS et Notes.

Fin de la Table et du second Volume.

www.ingramcontent.com/pod-product-compliance
Lightning Source LLC
Chambersburg PA
CBHW052037230426
43671CB00011B/1681